お金に支配されない生き方

さわかみ投信取締役会長
澤上篤人

ビジネス社

はじめに

お金のことを口にするのは賤《いや》しいことだ。

そうさげすむのが、日本では「まともに生きている人間」の「まともな感覚」のように見られる。

よく江戸っ子が、「宵越《よいご》しの金なんぞ持たない」とタンカを切る。日本では、あれが「カッコいい生き様」とされてきた。

その日に稼いだ金は、その日のうちにパッと使ってしまう。「そういった潔さ」がたまらないというわけだ。

なにかにつけて、「お金には淡白であらねば」とさとす〝大人〟に、あちこちで出くわす。また、「お金、お金でガツガツしないこと」とよく言われたりもする。

それでいて、日本には「お金のことにさもしい人」が、やたら多いのも事実。お金にガツガツしているというか、しみったれというか。どう見ても美しくない。

「清貧に生きる」といっている陰で、預貯金残高はしっかりと積み上げているといった人も結構いる。「なんだ、あの人の生き方は。守銭奴とそう変わらないじゃないの」と、あきれてしまうこともしばしば。

まだまだいる。かなり金銭的に余裕があると思える人でも、ひたすらお金を貯め込むだけ。時として気前よく使っても、せいぜい自分や家族に向けてのもの。

あるいは、それほどお金持ちということではないが、結構な暮らしをしている人は多い。彼ら彼女らは、自分のぜいたくにはやたらと金払いが良い。

そのくせして、寄付をしようとかになった瞬間、人が変わったかのように、「ギリギリの生活をしています」といった顔をする。

それどころか、「自分のこと以外にはビタ一文使わないぞ」と、ガードを固めるばかり。そして、「自分や家族のことで精一杯です。とてもまわりのことを考える余裕などありません」の一点張り……。

お金というものに対して、大らかさが感じられない。

これが日本の現実だろう。世界最大の債権国で、個人の預貯金マネーは839兆円と、国内総生産（GDP）の1・7倍もあるというのにだ。

どうも、お金に対する意識が貧しすぎる。いまだに、日本がまだ貧しかった頃の感覚を引きずっているとしかいいようがない。

そうなのよ、本書のテーマである「カッコよくお金と付き合っている人」には、なかなか出会えない。

ましてや、余裕のあるお金を世のため人のためと、惜し気もなく使う〝長者風〟の人など、めったにお目にかかれない。昔は、よく見かけたものだがね。

であるならば、「お金に支配されない生き方」というものを、ここらで一度しっかり考えてみようではないか。

本書では、日本人の金銭感覚がどうのこうのなどと、テーマを広げることは敢えて避けた。お金にガツガツしている人たちのことなど書いても楽しくないし、そこからはなにも生まれないのだから。

それよりも、直球勝負で行こうぜ。

まずは、「お金に対する余裕といったもの」を、持ってしまおう。それが、お金に支配されない生き方の第一歩となる。

次に、「カッコいいプチお金持ち」への道へ進もうぜ。さらには「カッコよくお金をつかう」楽しさにまで、一気に行ってしまおうではないか。

読者のみなさんの1人でも多くに、「カッコよくお金をつかう」ようになってもらいたい。そして、一緒に日本の将来を明るく楽しくしていこうじゃないか。

それが、「カッコいい大人」の責任でもある。

2016年　4月

澤上篤人

第1章

お金の余裕は、つくり出すもの

第2章

余ってきたお金は、長期保有型投信の積立てにまわそう

第3章

よりよい世の中をつくっていく長期投資とは

第4章

本気で投資の勉強をしたい人へ

第5章

自助自立の精神こそが、「カッコよく」の第一歩となる

第7章 お金をまわすことで、よりよい社会を築いていこう

第8章
世界にも日本にも、こんな「カッコいいお金のつかい方」がある

第9章
「カッコいいお金のつかい方」――スーパーリッチ編

第10章
なんでまた、オペラ財団など立ち上げたの？

おわりに

第1章

お金の余裕は、つくり出すもの

お金の余裕なんてないよ

「生活していくだけで精一杯」「お金の余裕などまったくない」といった声は、あちこちで聞く。

「毎月のお給料で生活していくだけでもギリギリ。とてもじゃないが、お金なんて余りっこない」。そう嘆く人の多いこと。

普通のサラリーマン家庭が普通に生活していると、たしかにギリギリだろう。子どもの教育費や住宅ローンなどに追われて、お金はちっとも余ってこない。

「毎月の給料の水準が低いから?」――いや、かなり収入の高い人でも状況はそう変わらない。結構ギリギリの生活を送っている。

だからといって、そこで思考停止してはいけない。「生活していくだけで一杯いっぱい」と言ってしまったら、それこそ一巻の終わり。

お金に対する不安はずっとつきまとうし、老後の安心感も得られない。それこそ、「お金に支配された生き方」となってしまう。

もちろん、その先に広がる「カッコよくお金をつかおう」というステージは、永久に夢物語となる。

お金の余裕は、意識してつくっていくものである。よほど恵まれた人でない限り、そうそうお金の余裕なんてできやしないのだから。

そう、「お金の余裕は意識してつくっていくもの」と認識するところから、一緒にはじめよう。

そこのところが抜け落ちていると、いつまでたっても「生活していくだけでギリギリ」といった人生から抜け出せない。

一度、毎月の生活費を洗い出してごらん

ためしに、あなた自身の生活をチェックしてみようか。

「毎月これだけの出費があって、それらを足し合わせると、もう一杯いっぱいです」とは言わずにね。

一度、いろいろな出費の中身を洗いざらい見直すのだ。徹底的にだよ。

「どの出費と、どの出費は絶対に必要なもの」「しかし、これとこれは減らすことができるかも」。そういった具合に、毎月の出費を1つひとつ洗い出してみるといい。

やってみればわかる。「意外と多くムダな出費を重ねている」ことに驚くはず。そういった出費を削っていくと、結構お金は余ってくるもの。

そう、その気になれば、お金の余裕はつくり出せるのだ。

昔から言うじゃない、「入《い》るを量って、出《い》ずるを制す」が、お金持ちになる秘訣だと。ムダな出費を削る、まさに出ずるを制すである。

お金お金で、生きていきたくはない？

でも、そうガツガツと生活費を削る人生は、ちょっと寂しすぎる？　一度っきりの人生なんだから、お金お金で生きていきたくはない？　好きにお金をつかって、大らかに暮らしたい？

ちょっと待ってくれ。

「でも」「でも」をいくつも並べてくれたが、あなたは本当に「いまの生活でよし」としているのかな？ 十分だと思っているの？

現に、「生活していくだけで精一杯」「お金の余裕などまるでない」と言っているじゃないか。そのどこが、大らかなのよ‼

大らかに暮らしていくと言うが、あなた自身どれほど大らかに毎日を生きているのだろうか？ 「好きにお金をつかって」と言ったところで、毎月のお給料をやりくりしているだけじゃないの？

ズバッと言おうか。

ほとんどの人は、「毎日を、なんとか生きている」だけのこと。その証拠に、なんだかんだで「不安、不安」と言っているではないか。そう、「お金に支配されっ放し」なのよ。

いま現在、「なんとか生活している」から一歩も出ない。だから、将来についてとなると「とてもではないが、大らかな気持ちで構えられそうにない」のでは？ そういったあたりが現実ではなかろうか。

読者のみなさんも、口には出さなくても「このままで将来は大丈夫かな」「年金はどこまで当てにできるのだろう」といった不安を、抱えているんじゃないかな。

もっとも、お金の余裕をつくるというのは、ただお金を多く持てばいいというものではない。

いまも将来も、お金お金で追いまわされることなく、大らかな気持ちで生きていくことなのだ。「年金が不安」とか言っている間は、とてもじゃないが大らかに暮らしているとは言えまい。

まわりを見てごらんよ。かなりの資産家でも、お金に余裕のない顔をしている人はあちこちにいる。あの人たち、ちっとも大らかではないよね。

本書では、「お金の余裕をつくる」ところからはじめて、人生を余裕たっぷりに送るところまで、トコトン「カッコいい生き方」を追い求める。

ということは、「お金の余裕をつくるのも、カッコよく?」。そういうことだ。ものごとははじめが大事である。スタートから「カッコよく」やっていこうぜ。

ガリガリの節約漬けで、お金を余らしたところで楽しくはない。爪に火をともすように暮らして財産を築いたとしても、そこから先どうやって「カッコよく」お金をつかえようか。

だったら、こんなのはどうかな。

優雅なる節約をしてみよう

前々から折にふれて提案していることだが、「優雅なる節約」というのを試してみるといい。

どうせやるのなら、節約だ、節約だと青筋立てることなく、優雅に日々を過ごそう。

そのうえで、余裕のあるお金をつくり出そうではないか。

具体的には、1ヶ月間だけの期間限定で実験をしてみる。そう、1ヶ月だけの実験だからと割り切って、毎日の生活で超ケチケチ作戦を展開するのだ。

それもゲーム感覚で、おもしろがって手当り次第にケチってやろうぜ。

超ケチケチ作戦は、「ありとあらゆる支払いを徹底的にケチってみるという実験」

をしてみようか、というところに価値がある。ゲーム感覚だから、思い切りケチれるはずだ。

たとえば、炊飯や掃除・洗濯など電気を食う家事作業は、電力料金の割安な深夜料金の時間帯に、まとめてやってしまおう。

テレビはつけっ放しにせず、見る時だけにする。多くの家庭で時計代わりにテレビをつけっ放しにしているが、もっての外である。

冷蔵庫には食品をつめ込まないようにし、開け閉めもできるだけ少なくする。エアコンの使用は最小限にし、つけても省エネ温度を守って。

お風呂も家族が次々と入って、できるだけ追い炊きをしないようにする。シャワーだけという人も、ダラダラと長い時間シャワーを浴びない。

1駅や2駅だったら、時間の余裕があれば歩いてしまおう。「サンダル代わりに車で近くのコンビニへ」なんてのも、ガソリンのムダ。歩けば健康にもよいし、サプリメントなどの量も減らせる。

飲み会の誘いも、3回に2回は「ゴメン」と言ってお断りする。もちろん、二次会、三次会へと流れないし、飲んだ後の仕上げのラーメンもなし。

甘いものが好きな人も、禁断症状が出そうになる寸前まで食べるのを抑えに抑えてみよう。メタボの心配も薄れよう。

バーゲンや特価品などの衝動買いは一切なし。しばらくすればゴミとして出すだけの、「買い物」中毒から脱皮するチャンスとしようぜ。

スマホ？　ちょうどいい機会だ。麻薬に侵されたような、「つながっていなければ不安病」を一度断ち切ってみよう。通信費のセーブは無論のこと、時間をずいぶん浮かすことができる。

こんなふうに超のつくケチケチ作戦をどこまで楽しめるか、ゲーム感覚でやってみるのだ。

なに、たった1ヶ月の実験だ。メチャメチャやっても、死にはしない。

びっくりするほど、お金が浮いてくる

ゲーム感覚で、1ヶ月間の超ケチケチ作戦をやってみてごらん。すごいことを発見するはず。

約束しよう。「えっ、私、こんなにもお金が余っていいの」と驚くこと間違いなし。

それだけ、お金のムダづかいをしてたってこと？　そんなにも、ぜいたくしてきた覚えはないけど……。

そう、ぜいたくする気はなくても、毎月のお給料があるのをいいことに、まるで惰性のように、お金をつかってきたのよ。

その惰性にメスを入れるのが、1ヶ月間の超ケチケチ作戦である。

「私って意外と余分に、お金をつかってきたんだ」と身をもってわかっただけでも、超ケチケチ作戦は大いなる戦果を上げたことになる。


さて、ここからが大事である。

1ヶ月やってみて、「いくらゲーム感覚といっても、ケチケチして辛かった」「なんか、わびしい気持ちになってしまった」と思えることも、いくつかあるだろう。

その横で、「超ケチっても、どうってことなかったなあ」と思えることもあるはず。

意外に山ほどあるかも。

実はケチって辛かったと思える出費は、あなたにとって意味のある価値のある「お金のつかい方」なのだ。これは来月から、そっくり元に戻してあげよう。あなたにとっては大事なこと、人生の一部なんだからね。

一方、「ケチってても、どうってことなかった」出費は、まったくのムダ。浪費しまくっていたってわけ。「よくもまあ、こんなにもムダをしてきたものよ」と反省しつつ、来月からも引き続きその出費を抑えていこう。

この作業をやってみたら、なんやかんやで2万8000円も浮いてきた。そのなかから、「ケチって辛かった」5000円分は来月から復活させてあげよう。

しかし、「ケチって、どうってことなかった」と実感した2万3000円は、もう二度とムダにつかうまい。せっかく、世紀の大実験で発見した、まったくのムダなんだから。

ほら、できてしまったじゃない。「削って、どうってことない」出費から、おそるべし、2万3000円も浮いてきた。

これが「優雅なる節約」である。1ヶ月間のケチケチ作戦をゲーム感覚でやったら、なんの無理もなく2万3000円もの余裕が生まれてくれた。よかったね。

「はじめから、なかった」と思って、お金を余らせてしまおう

家庭を持ったりして、「いまの給料では生活するだけでギリギリ」と言っていた人が、優雅なる節約で毎月2万3000円を浮かすことができた。独身だったら、もっとすごいことになるかも。

そうなんだ、新入社員などは最初が肝心である。晴れて社会人となり、これと思う会社に入ったが給料は低い。なんだかんだで、お金はどんどん出ていく。

そのうちサラリーマン生活に慣れてくるにつれて、いろいろな出費が積み上がっていくのが普通。そして、いつの間にか「生活に追われてギリギリです」と大合唱することになる。

そういった若い人たちは、毎月のお給料のうち、一定額を「はじめから、なかったもの」と思って横に置いてしまうといい。たとえ、1万円でも1万5000円でもだ。時間がたてば大きな財産となっていく。

昔から、「給料の一定額を無理矢理にでも貯金する、そういった天引きが財産づくりの秘訣」と言われている。まさに、その通り。

ともあれ、優雅なる節約で生まれた2万3000円も、「はじめから、ないもの」と思って天引きした1万5000円も、そこから先が大事になってくる。なにしろ、毎月毎月2万3000円とか1万5000円が浮いてくるんだよ。それだけの余裕を、どうしていくかだ。

次の章からは、お金を殖やしていくステップに入っていく。その前に、もう一度みなさんに確認しよう。

お金の余裕は、その意思と意欲があれば誰にでもつくり出せる。もちろん、人によって毎月の余裕額は違って構わない。1万3000円なのか、2万7000円なのかは、人それぞれでいい。

大事なのは、少し無理してでもお金を余らせること。そうしないと、お金の余裕はいつまでたっても生まれない。

意識して、お金の余裕をつくっていこうぜ。「カッコいい人生」を歩んでいくためにもね。

そういう澤上さんは、どうなんですか?

典型的な苦学生

小さい頃は、お金持ちのボンボンだった。ところが17才の時、大きく事業をやっていた親父が死んで、一気に貧しい生活へと叩き落とされた。

高校を出て仕事に就いたが、高卒では給料が低く家の借金は払えそうにない。このままではどうにもならないから、母親の了解を得て大学へ行くことにした。もちろん、すべて自分で稼ぎながら。

1年遅れて受験し、国立大学と県立大学に合格。どうせ大学へ行くならと、好きな国際政治・経済・地政学の分野を学べそうな名古屋に新設されたばかりの愛知県立大学へ行くことにした。

大学へ入ったはいいが、最初の4ヶ月間は悲惨そのもの。毎日10円のパンを朝昼晩

1個ずつ。後は水を飲むだけ。

バイトをジャンジャンやったものの、下宿代や次のバイトを探すための交通費などで、情け容赦なく消えていってくれる。教科書を買うお金もないから、隣の席の人に見せてもらったりした。

9月に入って、特別奨学生として認められ、月8000円の奨学金がもらえることになった。ようやく一息つけた。

これは、本当にありがたかった。苦学生として、そのありがたさを実感したから、大学卒業後なによりも優先して3年で、もらった奨学金を全額お返しした。

家庭教師もはじまったりで、ようやく大学の学生食堂で腹を満たせるようになった。それでも、貧乏学生だから暖房器具を買う余裕もない。どうせ寒いのだからと意気がって、冬も窓を開けっ放しにしていた。

そんな状況下であったが、バイトに次ぐバイトの生活も、少しずつ軌道に乗っていった。その間、2年生、3年生の時はサッカー部のキャプテンもやったし、勉学にも励んだ。

そして、驚くなかれ。4年生の時にユーラシア大陸を半年ほど放浪する資金までも、つくってしまったのだ。

「人間って、やればできるものだ」と自信を深めて、シベリア鉄道でヨーロッパへ向かったというわけ。

いまでも質素、でもリッチな毎日

ちょっと自慢話に聞えるかもしれないが、すべて実際に体験したことである。その後も、「やれば、できるんだ」の経験を、いくつもいくつも積み上げてきた。

それが、いまや生活そのものになってきている。あえて言うならば、「質素ながらもリッチ」な毎日なのだ。

ピクテ銀行の日本代表をやっていた17年半も、外資系のトップとしては考えられないほど低い給料だった。でも、それは自分で決めたもの。

そして、さわかみ投信を設立して20年になる。最初はずっと赤字だったが、10年たって経営が軌道に乗った後の給料も、みなさんがびっくりするほど低い。

なぜかって？

お金、そんなに要らないからよ。現在も家のローンを抱えながら、「なんとか食っていければ、それで十分」でやっている。

ケチじゃないよ、決して。

ピクテの頃も現在も、毎月の給料の半分近くはカッコよく（？）流れ出てしまう。いろいろなところでお金が必要と聞くと、なんとか現金をかき集めてはお役に立たせてもらっているからね。

本当に、お金が要らないのだ。先に書いた優雅な節約が、もう体に染みついてしまっている。

たとえば、背広なんか2万円ぐらいの安いものばかりだが、着た後きちんとブラシをかけるから、10年は軽く着られる。

体つき？　毎日の運動を欠かさないから、お腹まわりも若い頃のまま。つまり、なんの問題もなしに古いものが着られる。

エアコンは好きではないから、ほとんど使わない。それよりも、できるだけ自然体で「暑い時は暑い、寒い時は寒い」の生活をしている。そのほうが、季節の変化を肌で感じつつ「生きている」のを実感できていい。もちろん電気代は相当に減る。

お酒は好きだが、昔から飲み歩きには興味ない。それよりも、ワインや日本酒を飲みながら、静かに語り合ったりするのが好き。

ワインだって最近は1000円台で美味いのが、いくらでもある。

いつも15～20本ほど買って会社へ届けてあるから、気が向いたら3～5本空けて、来客や社員と楽しむ。おつまみを買ったところで、安いものである。

あるいは、夜遅くなってまだ残っている社員に、「行くぞ」と言えば、みなすぐわかる。近くの「わたみん家《ち》」に仕事を片付けた者から次々と集ってくる。生ビールを飲んで、あれこれ食べれば結構なディナーとなる。

こんな具合だから、お金はそうかからない。でも、気分よく酒は飲めるし、十分にお腹は膨れるしで、自分的には超のつくほどリッチな毎日である。

それでいて、お金はいい感じで余ってくる。それを、「カッコよく、お金をつかう」方向へ、どんどんまわしている。

質素に毎日を送りながらも、十分にリッチな気分を楽しめる。余ってきたお金は、どんどん「カッコよく」つかわせてもらえる。

すごく、ぜいたくな日々を送っていると思わないか？

第2章

余ってきたお金は、長期保有型投信の積立てにまわそう

預貯金も下手な投資も、やめておこう

さて、せっかく生まれてきた月2万3000円あるいは1万5000円の余裕だが、そのまま預貯金にしておくのでは意味がない。「余ったお金は預貯金に」なんてのは、絶対になしだよ。

たしかに、みなさんのお父さんやお母さんの時代であれば、「預貯金で安全確実に財産づくりを」で十分だった。

当時、日本経済は高度成長期にあり、預貯金は安全で確実な財産の預け先と見なされていた。たっぷり利子もついた。

しかるに現在は、日本経済の成熟化が進んで、給料はなかなか増えない。そのうえ、1999年2月からの超低金利政策で、預貯金には年0・02%ほどの利子しかつかない。今年1月からのマイナス金利導入で、預貯金の利子は年0・01%前後とか年0・005%へとさらに下がった。

そんなゼロ同然の低利子では、10万円を2倍の20万円にするのに、なんと1万年も

かかってしまうのだ。

気の遠くなるようなスローペースの財産づくりである。そんなもの嬉しいはずないのに、日本人のほとんどが預貯金にしがみついている。

それでは、まったくもってつまらない。せっかく浮かせた2万3000円であり、1万5000円なのだ。もっと有利な運用にまわしたい。なにかよい運用先はないものか？

そこで登場してくるのが、本格的な長期保有型の投信である。そういった投信を、毎月一定額ずつ積立てていく財産づくりが一番である。

もちろん、読者のみなさんが自分で長期投資するのも十分にありだ。しかし、次の第3章と第4章で詳しく書くが、中途半端な投資だったらやめておいたほうがいい。

本当は、投信の時代なんだけど……

ここで、ちょっと説明しておこう。

かつて日本には、長期の財産づくりを託せるまともな投信というものがなかった。

そもそも、一般生活者の財産づくりをお手伝いするのに、投信ほどよく考えられた投資商品はない。よく考えられたというよりも、自然発生的に生まれ、時間の経過とともに非常に完成度の高いものになっていったのが投信である。

一般投資家が長期で財産づくりをしていくにあたって、投信は運用上の税金は一切かからない。だから、税金を支払うことなく運用益をまるまる再投資することで、複利の雪ダルマ効果を最大限に享受でき、資産形成のスピードを上げることができる。

また、投信に投じられたあなたの資産は、信託銀行が信託財産として保管管理してくれるから、お金の置き場所としてこれほど安全なところはない。もちろん、資金の必要に応じていつでも好きな額だけ解約し現金化できる。

したがって、個人の財産形成から自分年金づくりまで、投信は最高の投資商品といえる。

日本経済は低調だし、年金不安はどんどん高まっているばかり。こんな時ほど国民の誰もが投信で財産づくりを進め、経済的自立を図れたらどれほど素晴らしいことか。まさに、いまこそ投信の時代なのである。

ところが日本では、かれこれ70年にわたり、投信を手数料稼ぎの道具としてしか扱ってこなかった。当初は証券会社の独占ビジネスだった投信販売は、いまや銀行、あるいは郵便局の窓口でも大々的に取り扱っている。

証券会社も銀行も、そして郵便局も、投信の販売手数料でガッポリ稼ごうとする。具体的には、その時々で人気となっている投資テーマに沿って、新しい投信ファンドを次から次へと設定する。そして、大々的に営業をかけるのだ。

彼らは新規設定ファンドを猛烈に売り込む。「この投資テーマは大きく伸びそうですよ」「多くの投資家がどんどん買ってきていますよ」とか言って、一般投資家の購入意欲をあおる。

実際、いま話題になっており多くの投資家が買い群がっている投資テーマは、一般投資家の食いつきも上々である。そういったテーマを売りにした新ファンドは営業もしやすく、ファンド設定時の募集でたやすく100億円単位の販売実績を上げることができる。

たとえば、200億円を集めたとなると、販売手数料として6億円あたりが入ってくる。かつては、1兆円ファンドというものもあって、販売手数料だけでも300億円を稼いだものだ。

このように昔から現在に至るまで、日本の投信ビジネスは一貫して〝販売主体〟である。運用成績は二の次で、販売手数料稼ぎにしゃかりきとなっている。

主役を演じる投信の販売サイドは、次から次へと新ファンドを設定させては一般投資家に強力な営業をかける。よくいわれる、古いファンドからの乗り換え営業も日常茶飯事である。

大量設定・大量解約、そして野たれ死に

新ファンドを大々的に売り込む都度、ガッポリ販売手数料を手にする図式が、日本の投信業界では常識となってきた。この図式は、「大量設定・大量解約、そして野たれ死に」と読み替えることができる（図表1参照）。

これが日本の投信業界では積年の常識となっており、「もういい加減にしなよ」と言いたくなるような、おぞましさである。

現に、日本の投信各社は全体で見ると、5700本ともいわれる投信ファンドを設

【図表1】日本の投信の一般的なパターン

- いま、人気となっている投資テーマに乗った新ファンドを設定して、大々的に営業をかける
- 投資家人気が高いから、新ファンドは大量に販売できる
  →大量設定
- しかし、その投資テーマが終わると、ファンドの成績は急悪化に転じる
- 基準価額の下落を見て、解約が殺到する
  →大量解約
- 解約が解約を呼び、ファンド資産はみるみる減少していく
  →野たれ死に

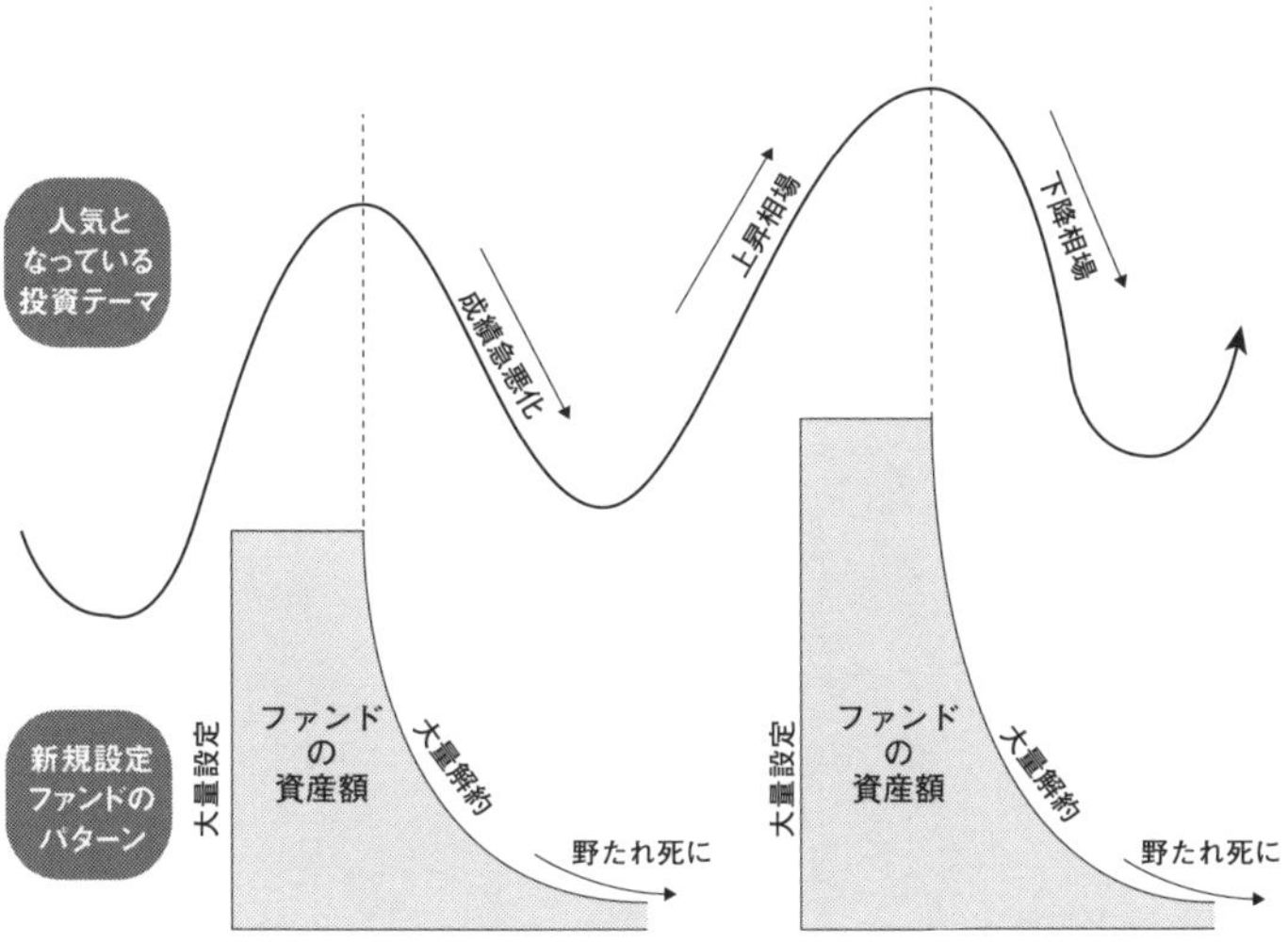

定・運用している。日本株市場に上場している企業数が３６００社ほどだから、それに比べ投信ファンドは１・５倍もの設定本数である。

すごい勢いで投信ファンドは新規設定されているが、平均運用期間は2年半といわれている。つまり、世に出たばかりのファンドはさすがに当初はきちんと運用されるが、３年を超えたファンドの大半は、もう残骸みたいなものなのだ。

それはそうだろう。人気化している投資テーマを追いかけて大量設定したものの、投資家人気のかげりとともにファンドの運用成績は悪化の一途となる。それを見て、保有顧客はどんどん解約を食らわせる。

投信ファンドが解約のラッシュを浴びると、現金化のための売りで成績をさらに悪化させ、それが一層の解約を招く悪循環に陥る。もうそうなると、まともな運用など望むべくもない。そして、時間の経過とともに〝野たれ死に〟状態となっていく。

ちなみに、日経新聞の毎週日曜か月曜に掲載される「国内の主な追加型株式投信の運用成績」の欄を見てみるといい。

直近の２０１６年４月25日付では、資産残高の大きい順に46本リストアップされている。そこで、驚くなかれ。基準価額が設定時の1万円を上回っているのは9本のみなのだ。うち2本が基準価額1万9934円と1万8286円で立派なもの。ところが、残りの7本は1万円ちょっとの基準価額に留っている。

ひどいのは、基準価額が6000円台、もしくはそれ以下の投信が26本もあるという事実。なかには、2000円台というのが2本ある。1万円で設定された投信なんだよ。その基準価額がいまや2000円台という体たらくである。

言っておくが、これが日本を代表する投信の姿である。それも大手の運用会社や金融機関が看板商品としているファンドなのだ。こんなボロボロの成績でよく恥ずかしくないものだ。

もっとも、基準価額が1万円を大きく下まわっている理由のひとつに、毎月の分配金を支払ってきたから、といった説明をよく耳にする。分配金を加えると基準価額は、そう下がっていないともいう。

これも、おかしな理屈である。

投信はもともと、一般生活者の財産づくりをお手伝いするもの。それが、基準価額の上昇そっちのけで、より多くの分配金支払いなどといった、本筋からはずれた販売競争に堕しているのだ。
業界上げて、投信を販売手数料稼ぎの道具にしている姿がはっきり見えてくる。

まともな長期保有型投信がなかったから、16年半前につくってみた

このような日本の投信業界の現実に、真っ正面から「それはないだろう」と挑戦状をたたきつけたのが、さわかみファンドである。

日本の投資家に、まともな投信というものを提案しよう。本格的な長期保有型投信の素晴らしさを実体験してもらおうということで。

なにしろ日本の投資家は、まともな投信というものを見たことがない。だから、出ては消え、消えては出てくるのが投信というもの。そういった認識しかない。そのような投信を買わされ続けてきた日本の投資家は、いい迷惑である。

投信の本来あるべき姿は横へおいやって、販売のビジネスでふんぞり返っている日本の投信業界とは一線を画し、運用成績でもって勝負する本物の投信を設定しよう。

そう意気込んで、投信ビジネスに入っていったものの、スタートするまでが大変だった。

まず、投信ビジネスの認可を取得するにあたって、監督官庁である当時の大蔵省（現在は金融庁）の担当者は、〃まともな投信〃といってもピンとこない。彼らが監督している日本の金融界、ならびに既存の投信業界のことしか知らないのだから仕方がないのだが……。

そこへ、どこの馬の骨ともしれない独立系の運用会社が、投信の認可申請にやって来たのだ。まさに「なにしに来たの」といった感じで、書類を見てもらうまでで、すでに大仕事だった。ずいぶんと大蔵省に通ったものだ。

「大手金融機関のバックもない、ちっぽけな独立系の運用会社に投信ビジネスなどできるのか？」

「それも、既存の販売チャネルを使わず投信を直販するという、そんなことが可能なのか？」

いろいろ質問を浴びせられ続けたが、こちらの熱意と思いが大蔵省の担当者に少しずつ伝わっていった。

なにしろ、こちらは世界の運用現場で30年近い経験と実績を積んできた。そのうえで、「見ていてください。そのうち認可を与えてよかったと思ってもらえますよ」と言い切っているのだ。

時間はかかったが、日本で初めて独立系の投信会社として投信ビジネスの認可は取得できた。

次なるは「さわかみファンド」を受託管理してくれる信託銀行の選定だ。「選定」と書いたが、実際はそれどころではなかった。どこの信託銀行も、「いつ潰れるかしれない独立系の投信会社の受託などできるわけない」と門前払いの連続だったのだ。

ピクテ銀行の日本代表であり、ピクテジャパン㈱の社長として大きなビジネスを信託銀行とやってきたにもかかわらず、「お宅とは付き合えません」の一点張り。

これには頭に来たが、平身低頭であちこちの信託銀行を繰り返し訪れた。なにしろ信託銀行が受託してくれないと、投信ビジネスをはじめられない。それどころか、認可後6ヶ月以内に投信ビジネスをスタートさせなければ認可取消しとなる。

最後の最後に、日本で一番小さな信託銀行が「よし、やってみようか」と言ってく

【図表2】さわかみファンドと日経平均株価
（1999年8月24日を100として）

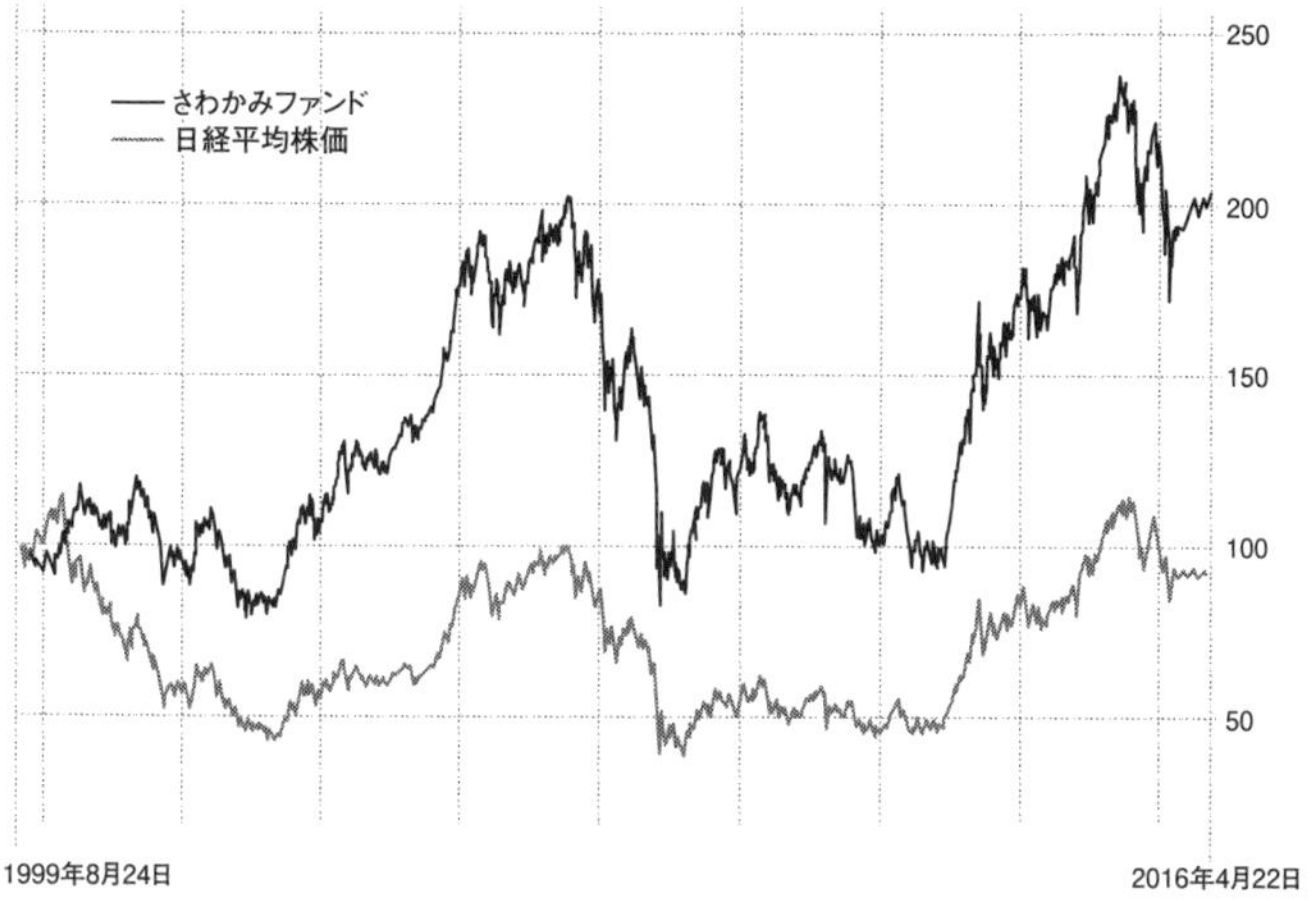

れた。そこの若手が「ウチもこのままではジリ貧だから、思い切ってリスク取りましょうよ」と発言した。それがきっかけとなって、受託銀行はようやく決まったのだ。

そこからは一気呵成に「さわかみファンド」設定に突っ走った。そして、日本で最初の独立系ファンドが1999年8月24日に誕生した。16年8ヶ月前のことである。

「さわかみファンド」が設定されてからの実績は、図表2を見てもらえば一目瞭然だろう。これは、公表資料をベースにして、ビジネス社が作成してくれたもの。日経平均株価（配当込み）を大きく上回り、どんどん差を広げているのがわかると思う。これが、まともな長期運用投信というものである。

さわかみファンドを買っていたら

このように、日本で最も長く「これぞ長期投資」といえる実績を積み上げているのが、さわかみファンドである。

自分のところを宣伝していると思わないでもらいたい。なにしろ、日本における長期運用のパイオニアとして、運用してきた期間においても成績においても、さわかみファンドが一番の実績を積み上げているのだから。

ところで、どんな実績か?

さわかみファンドは1999年8月の設定来16年8ヶ月になるが、複利年率で見ると4・2%の成績を残している（2016年4月22日現在）。

この16年の間というもの、日本経済はずっとジリ貧を続け規模も縮小している。それにもかかわらず、さわかみファンドは年4・2%のプラス成長なのだ。堂々たる実績である。

いや、その間、ずっと日本はデフレ経済下にあったから、預貯金でも十分だった？　投資などする必要もなかった？　そういう「なにがあっても預貯金が一番だ」とする人が結構いる。

しかし、デフレで預貯金の価値は高かったといったところで、あなたの資産はちっとも殖えていない。それが現実だろう。こちらは年4・2％で殖えているのだよ。

さらにいえば、投資環境は最悪だった。この16年8ヶ月の間には、二度も1982年の水準にまで株価が暴落する試練を経験した。

すなわち、1980年代後半のバブルが崩壊して発生した不良債権問題の最終処理で、日経平均株価は2003年4月には、なんと7607円にまで落ち込んだ。さわかみファンド設定当初は、1万8095円だった日経平均株価がだよ。

そして、リーマンショックを受けて2008年10月には、さらに下値の6994円にまで叩き売られたのだ。

そういった二度の大暴落を乗り越えて、さわかみファンドの基準価額は1万円でスタートしたものが2万3871円台にまで上昇した（2015年6月1日）。そして現在は2万868円となっている（2016年4月22日現在）。堂々たる成績である。

この16年8ヶ月の間、日本の株価動向を象徴する日経平均株価で見ると、当時1万8095円だったものが、現在は1万6000円台と水準を下げている。つまり、インデックスファンドをはじめ、多くの投資家はマイナスの成績に甘んじているわけだ。

それに対し、こちらは現在2万円台だから、抜群の実績である。時間がたってみると、日経平均株価をはるかに凌駕《りょうが》した成績となっている。これぞ本物の長期投資といえよう。

長期保有型投信で積立て投資をしていくと

大事なのは、ここからである。さわかみファンドのような本格派の長期運用投信で毎月一定額の積立て投資をしていくと、素晴らしい財産づくりという結果に至る。

そもそも、投信の積立て購入制度をつくり出したのが、さわかみ投信である。サラリーマン家庭など一般生活者が財産づくりしていくには、長期の積立て投資が最良で最強の方法なのだから。

さわかみファンドのような本格派の長期保有型投信であれば、どんな小口投資家でも、毎月たとえば1万円とか1万3000円とかずつ積立て投資することができる。それでもって、時間はかかるが大きな財産づくりも可能となる。

だから、相当に苦心して投信の積立て購入制度の仕組みをつくり出したってわけ。いまや投信業界で積立て投信は普通になってきているが、先に述べたように1999年の設定当時は「なに、それ？」って感じだった。

積立て投資のすごいところは、相場の上下変動、つまり基準価額の上げ下げに一喜一憂することなく、毎月一定額のファンド購入を続けていけることだ。

「すごい」と書いたのは、とりわけ下げ相場が続いている時に、淡々と毎月の買いを実行してくれる点にある。自分で投資判断すると、「暴落相場」や「ダラダラ下げの相場」では、買いをちゅうちょしたり見送ったりしがちとなる。

ところが、積立て投資では下げ相場などお構いなしに、決められた金額のファンド購入を実行してくれる。これが後々に、すごい成果をあなたにもたらしてくれるのだ。

どういうことかって？

投信を購入すると、その翌日の基準価額で計算された口数を取得できる。たとえば、3万円で基準価額2万868円のファンドを購入すると、

3万円÷2万868円×1万＝1万4376口

を取得したことになる。

その後、ファンドの基準価額が2万4600円に上昇したとしようか。あなたのファンド資産は

2万4600円×1万4376口÷1万＝3万5364円

となる。

つまり、あなたの資産は

【図表3】定期定額購入サービスで「さわかみファンド」を買い続けたら……

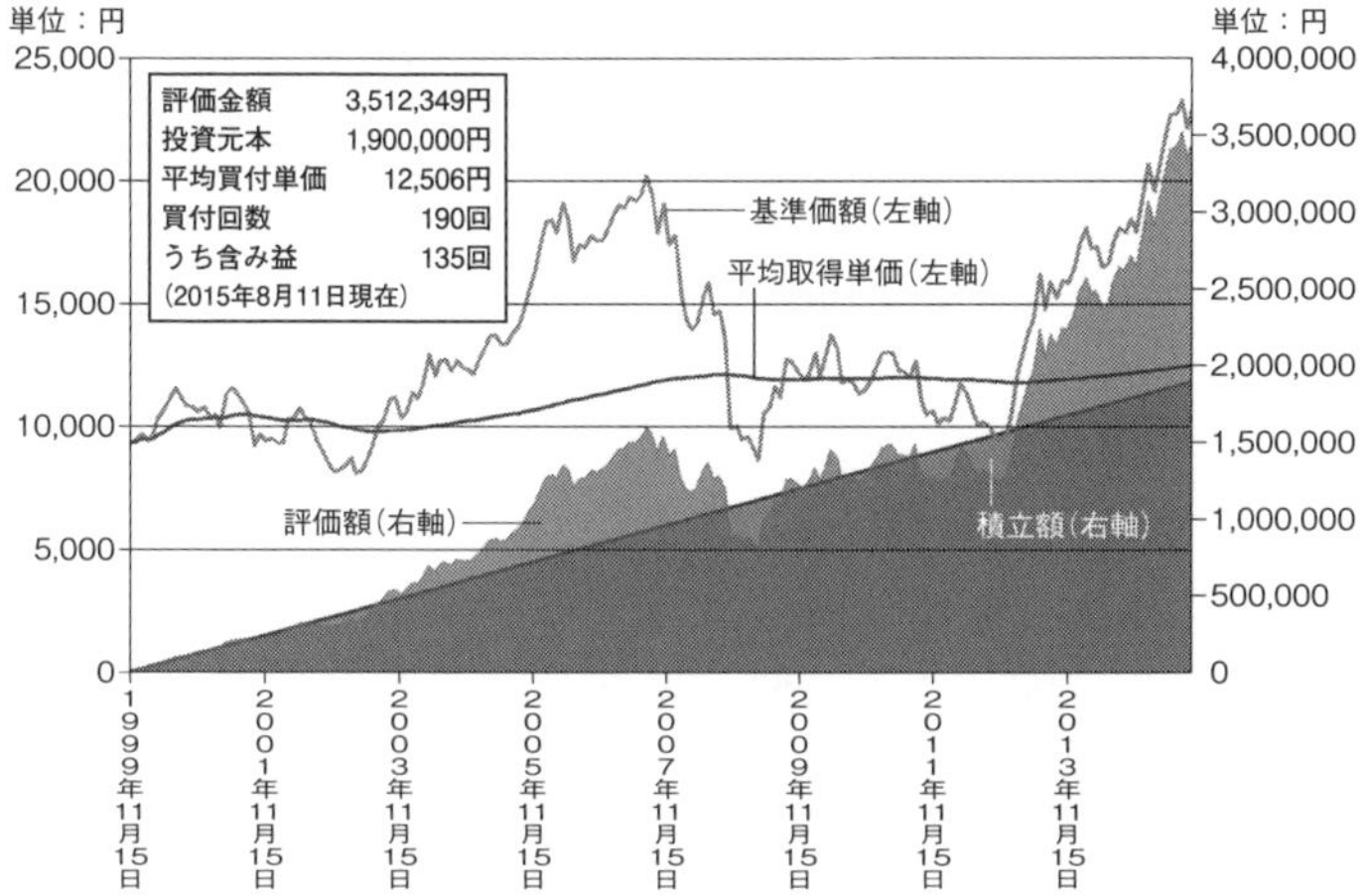

3万5364円－3万円＝5364円

の増加。率にして17・8％殖えたことになる。

この仕組みがわかったところで、いよいよ毎月の積立て投資に入っていこうか。図表3を見ながら読み進めてもらうと、よくわかると思う。

さわかみファンドでいうと、2007年の8月から2012年のはじめにかけて、基準価額は大きく下げたままの状況をずっと続けた。

この間に、毎月の積立て購入では取得口数をたっぷり増やすことができた。毎月一定額でファンドを購入するので、基準価額が下がれば下がるほど、取得口数が多くなる効果が効いてくるのだ。

取得口数を大いに稼げた結果として、あなたのファンド資産はびっくりするほど膨れ上がった。つまり、トータルの積立て額は一定額ずつ積み上がっていったが、平均取得単価（平均のコスト）はほとんど増えていない。

ということは、

（時価の基準価額—平均取得単価）×総取得口数

が、あなたの資産となる。

わかる、ここのところ？　総取得口数は大いに増やしたものの、平均取得単価はそれほど上昇していないのだ。二重の意味で、すばらしい財産づくり効果を満喫できたわけだ。

いまいち、ピンとこない？　大丈夫、後に書く「補足2」でていねいに説明しておくから、そこを読むとよくわかるよ。

かくして、お金の余裕づくりは快調に進んでいく

もちろん、ここまで読んできて、「そう上手くいくのかな」と、首をひねる人もいるはず。「本当にそうなればいいけど」と、腰が引けてしまう人も多数いるだろう。いくらでも「眉つばだ」「捕らぬタヌキの皮算用だ」と言ってくれて構わない。どうぞ、ご自由にである。

悪いけど、本書ではそういった人たちは置いてきぼりで、われわれは前へ前へと進んでいく。

まあ、それでもせっかく本書を手にしたんだ。一応は最後のページまで読んでみよう。そうしないと本代がムダになる。

最初のほうで書いたが、「お金の余裕は意識してつくっていく」ものである。財産づくりも、まったく同じことが言える。

「こうしたい」「ああなりたい」という意思と意欲がなければ、あなたの人生なにも

変わらない。いまの生活をずっと続けていくだけだ。

世の中を見まわすと、ほとんどの人が「生活していくだけで精一杯」「このままだと将来が不安」だと言いながらも、なんら手を打たずに日々を送っている。それも人生である。どうぞお好きにだ。

だが、ちょっとでも人生をおもしろくしたいというのなら、いまの生活を変える意思と意欲、それに覚悟が不可欠である。

そして、しっかりした方法論が必要となってくる。方法論といっても、「単純かつスッキリ」とだ。頭デッカチの理論倒れなど、時間の経過とともに、ボロが出るだけのこと。

では、単純でスッキリした財産づくりとは?

優雅なる節約で、毎月の生活費から2万3000円の余裕を生み出せた。あるいは、「はじめから、なかったもの」と思って給料から天引きして1万5000円を浮かせた。

どちらも、やる気になったら、やれたじゃない? これまでのように、グチャグチャ言っていたら、いまだに「生活でギリギリ」と嘆いていたはず。

次に、浮かせた2万3000円あるいは1万5000円を、長期保有型の投信で積立て投資することにした。これだってそのまま預貯金に寝かせておくより、はるかに可能性高く財産づくりを進められるはず。

ほら、立派にスタート切れたじゃない。なんの難しいこと抜きで、お金の余裕をつくっていく人生のスタートが。

ここまでは、スッキリ理解できたよね。次の第3章からはどんどん、次のステップに入っていこう。

その前に、一言。長期保有型の投信としては、設定されてから16年と日本で一番長く、かつ実績を誇るさわかみファンドを実例に挙げた。期間が短いものだと、もっとすごいものがある。

参考までに挙げてみると、労働組合が母体となった世界初で唯一の「ユニオンファンド」は、設定来7年と6ヶ月になるが複利で年率9・55％の成績を出しているのだ（2016年4月26日現在）。

もうひとつ挙げれば、クローバー・アセットの「浪花おふくろファンド」は設定来8年になるが、年率複利で6・11％の成績を残している。

これら3本のファンドは、年初からの世界的な株価下落の影響を受けて、設定来の成績がそれぞれ4・2％、9・55％、6・11％へと下がっただけのこと。昨年2015年の8月ごろには、ずっと上の数字を出している。

いつまでも現在の経済情勢とか投資環境が続くとは思えないが、それ以上に楽しみなのは、各ファンドが昨今の低迷相場でしっかりと買い仕込みをしていることだ。これが後で効いてくる。

こうした投資ファンドを買っておけば、どれだけ楽しい将来となっていくことか。このような本格派の長期保有型の投信を、毎月定額、積立て投資していくといい。そして、少しでも余裕資金が生まれたら、スポット購入でどんどん買い増しするのだ。

運用の世界だから成績の約束はできない。だが、おもしろい展開となっていくイメージは高められよう。

補足1．本格的な長期運用投信を買っていくと

個人で20年、30年と長期投資をしていくのは、結構きつい作業となる。やってみればわかるが、どこかで大きな暴落相場にでも遭遇したら、たちまち挫折してしまうものなのだ。

長期の財産づくりをするのだから、本当は目先の株価変動や景気動向を無視すればいい。ところが、その「無視」ができない。

ちょっとした悪材料に脅えて、せっかく買っていた株式を売りに出したりとかしてしまう。そして、後になって、「しまった、慌てて売らなければよかった」となる。

その点、本格的な長期の投資運用をしてくれる投信を買っておけば、運用を担当するファンドマネージャーが全部やってくれる。

なにかの加減で株価などが大きく下がれば、そこで逃げることなく断固たる買いを入れてくれる。株価が大きく上昇していれば、静かに売り上がっていく。

もちろん、そこで利益確定するわけだ。それは同時に、売ってたっぷり現金をつく

っておき、次の暴落局面で買いに行くためでもある。

こうして、景気の大きなうねりを先取りしながら、安く買っては高く売るを繰り返していく。この単純作業を淡々とかつ地道に続けていくと、後から投資成果がしっかりと積み上がってくる。

したがって、一般生活者や投資がはじめての人たちは、本格的な長期運用投信を積極的に活用することを、お奨めしたい。

お金の余裕がある時には、ドーンとスポット買いすればいい。退職金なども迷わず、スポット購入にまわそう。

なにしろ、投信はいつでも手軽に買えるし、お金の入用が生じたら必要額だけ解約すればいいのだから。そういった出し入れ自由の器で、しっかりと財産づくりを進められたら最高だろう。

補足2. 積立て投資の強み

そんななか、投信の積立て投資はもっともっと認識が高まっていい。なにしろ、きわめて効果的な財産づくりの方法なのだから。

もっとも、「〝本格的〟な長期保有型投信で積立て投資をする」という、ただし書きは絶対に必要である。日本のほとんどの投信のように、設定して数年もしないうちに消えていくファンドなど、まったくの論外である。

長期保有型の投信で積立て投資を10年、20年と続けていくと、購入したファンドの口数がどんどん積み上がってくる。

先にもふれたが、あなたの投信財産は、「購入したファンドの総口数」に「その時の基準価額」を掛け合わせた積である。

ということは、ファンドをどんどん追加購入して総口数を増やしていくことと、ファンドの基準価額がジリジリと上昇していってくれることで、あなたの財産づくりが進むことになる。

あなたが購入するファンド口数は、「ファンドに投資する金額を、その日の基準価額で割ったもの」である。

このあたりの計算は、図表4、図表5、図表6をじっくり眺めてもらおう。説明するより、図式化して数字を当てはめたほうが、わかりやすいだろうから。

【図表4】投信を購入したら、あなたの財産はこうやって計算する

■ 20,000円を投入して、基準価額12,345 円のファンドを購入すると、

$$\frac{20{,}000}{12{,}345} = 1.62$$

投信は10,000 円あたり何口という計算をするから
1.62×10,000=16,200 口があなたが手に入れた口数となる。

つまり、$\dfrac{\text{購入額}}{\text{基準価額}} \times 10{,}000 = \text{購入口数}$ となる。

■ そのファンドの基準価額が17,800 円に上昇すると、

あなたの資産は $\dfrac{16{,}200\text{口}}{10{,}000} \times 17{,}800\text{円} = 28{,}836\text{円}$ となる。

20,000円で購入したファンドの資産が28,836 円となっているから、
28,836 円- 20,000 円= 8,836 円の資産増加である。

■ 逆に、ファンドの基準価額が11,900 円に下がると、

あなたの資産は $\dfrac{16{,}200\text{口}}{10{,}000} \times 11{,}900\text{円} = 19{,}278\text{円}$ となり

20,000円－19,278円＝ 722円の資産減少である。

【図表5】毎月23,000円ずつ積立て投資していくとすると

■ ファンドの基準価額が下図のように振れたとしよう

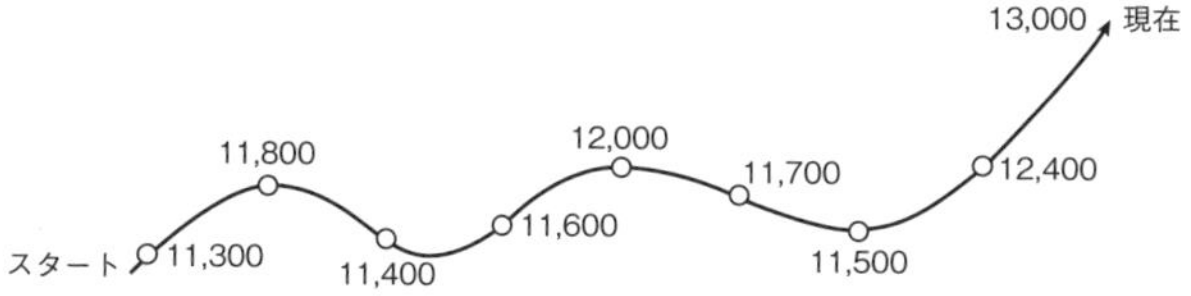

毎月23,000 円ずつ積立て投資をしていくと

スタート月	$\frac{23,000}{11,300} \times 10,000 = 20,353$口
2ヶ月目	$\frac{23,000}{11,800} \times 10,000 = 19,491$口
3ヶ月目	$\frac{23,000}{11,400} \times 10,000 = 20,175$口
4ヶ月目	$\frac{23,000}{11,600} \times 10,000 = 19,827$口
5ヶ月目	$\frac{23,000}{12,000} \times 10,000 = 19,166$口
6ヶ月目	$\frac{23,000}{11,700} \times 10,000 = 19,658$口
7ヶ月目	$\frac{23,000}{11,500} \times 10,000 = 20,000$口
8ヶ月目	$\frac{23,000}{12,400} \times 10,000 = 18,548$口

これらの口数を合計すると**157,218口**となり、これがあなたの取得した総口数である。
この総口数に現在の基準価額を掛け合わせた積、つまり

$$\frac{157,218\text{口}}{10,000} \times 13,000\text{円} = 204,383\text{円}$$ が現在の資産残高となる。

毎月23,000円ずつ積立てていった総額が23,000円×8ヶ月=184,000円だから、
時価評価との差

204,383円 − 184,000円 = 20,383円 が積立て効果となる。

基準価額が安い時に取得口数を増やしておいた効果が、
20,383円となって報われてきたのだ。

【図表6】さわかみファンドの積立て投資で見ると

■ 基準価額の推移と、一口あたり平均取得単価

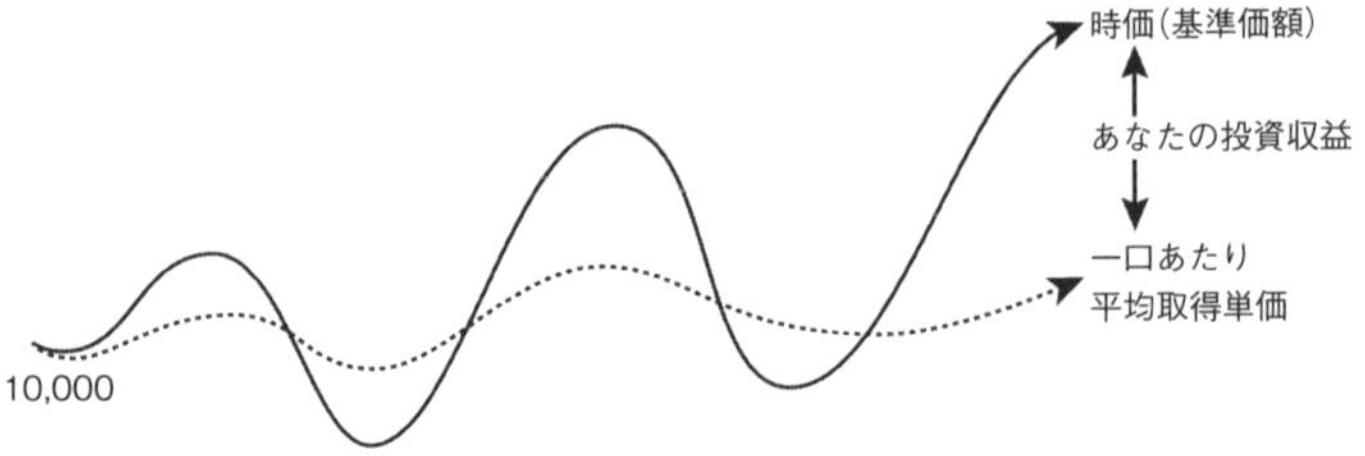

取得総口数 × 現在の基準価額 ＝ あなたの資産残高

取得総口数 × (基準価額)－(一口あたりの平均取得単価) ＝ あなたの投資収益(一口あたり)

大事なのは、長期保有型の投信を積立て購入していくと、「相場が上がってもよし」「相場が下がっても嬉しい」ということだ。

図表5で示したように、同じ毎月2万3000円の積立て投資をしている間に基準価額が大きく下がれば、それだけ多くの口数を取得できる。下げ相場でたっぷり口数を増やしておけば、後々の資産増加に大きく貢献してくれる。

長期保有型投信で積立て投資していくうえでのキモは、できるだけ総取得口数を増やしておくことである。そのためには意外や意外、下げ相場や暴落相場は大歓迎ということになる。

世の中には、あまたの投資商品がある。

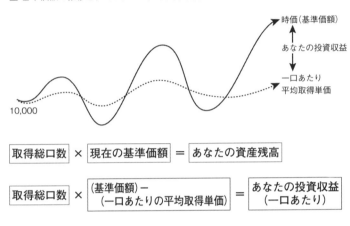

しかし、相場が上がっても下がっても着々と財産づくりが進むものとなると、長期保有型の投信を積立て投資することを措《お》いて、他にはない。

繰り返すが、本格的な長期投資で運用してくれる長期保有型投信を10年、20年、そして30年と積立て投資していくことだ。それが一番の財産づくりとなっていく。

その間に、株価や相場の暴落が何百回あろうが、下げ相場歓迎とニコニコしていられるのだ。ありがたいことだ。

積立て投資をしない理由はないよね。

そういう澤上さんは、どうなんですか？

自分も家族も全財産は投信にお任せしている

もちろん、わが家はすべて投信購入だ。全財産といっても大したことないが、その96％は「さわかみファンド」の保有である。毎月の積立て購入も、ずっとやっている。

残りの4％は、いくつかの直販投信のファンド購入にまわっている。直販の投信会社を設立の当初から手伝ってきたから、生みの親の1人として直販ファンドを買うのは当然だよね。

ありがたいことに、どれもこれも大きなプラスとなっている。

そのなかから、さわかみファンドを少しずつ解約しながら、「カッコよくお金をつかおう」にまわさせてもらっている。

預貯金？　いざという時のために、20万円くらいは銀行口座に置いてある。それ以上を預けるのは、まったくのムダだからね。

最近、大きく下がったけど気にしない

2016年に入ってから世界の株価は大きく下げている。それで、さわかみファンドの基準価額も、2万円を下まわったり、超えたりを繰り返している。

それでも、こちらは平気な顔。理由は簡単で、長期の財産づくりをしている間には、今回のような株価暴落はいくらでも発生するからだ。その時、どんな行動をするのかが長期投資家には問われる。

一般的には、「株価が下がった」「景気の見通しも下方修正されるのでは」といった不安が先行して、「株式投資の比率を下げよう」とかになる。「リスクの低い国債に資金をシフトしよう」といった動きも、パッと広がる。

しかし、われわれ長期投資家は違う。今回のような暴落時こそが「待ってました」の買い出動するタイミングと、それこそごきげんそのもの。基準価額の下げには眼をつむって、資金のありったけを安値買いに投入する。

しばらくすればわかる。大きく下げれば戻りも大きい。ここで、しこたま買っておいた長期投資家は、株価全般の戻りに乗って一段と成績を高めることになる。

おそらく、さわかみファンドの基準価額は、「今回の下げはなんだったの？」といった勢いで上昇するだろう。もちろん、投資運用の世界だから、成績の約束はできないけどね。

まさにこの16年8ヶ月がそうだった。暴落局面でしっかり買い増ししておいた結果が、年4・2％の成績である。そして、いつの間にか平均株価とは2倍の開きになっているわけだ。

まあ、目先の下げなどで泡食ったようになるなんて、長期投資家には考えられないこと。読者のみなさんも、この骨太さに感じ入ってもらいたい。

第3章

よりよい世の中をつくっていく長期投資とは

投資するのって、お金を儲けるため？

一般的に投資というと、「株式市場などで、ひと儲けしようとするもの」「運用でお金を殖やすこと」とされている。

したがって、「投資するのって、お金を殖やすため？」ときたら、「当たり前じゃない」となる。読者のみなさんも、多くはそう思っていない？

投資って、本当はどういうものなのか、誰も考えようとしない。

現に個人投資家は、「儲けよう」「お金を殖やそう」であくせくしている。「値上がりしそうな銘柄をいち早く見つけて、みなが買う前に買って大きく稼ぎたい」と考えては株価を追いかけまわす。

それでいて、ちょっと株価が値下がりしたりすると、もう真っ青。「損しそうだ」で大慌ての売りを出す。「儲けたい」「損したくない」、そればっかり。

だから、株価上昇が続けば「ここで買わなければ、いつ儲けるんだ」で、われもわれもと買い群がってくる。

反面、株式市場全体が暴落でもしたら、この世の終わりと売り逃げに殺到する。なんのことはない。投資しているつもりで相場に振りまわされているだけなのよ。

実は、年金などを運用する機関投資家も、個人投資家と50歩100歩。彼らは運用のプロといわれるものの、やっていることは個人投資家とそう変わらない。

組織の力をフルに活用したり、コンピュータを駆使したりで、一見プロらしい運用をしているように見えるだけ。株価を追いかける点では同じことだ。

彼らは株式投資するにも、個人投資家と一緒になって現物株を売買するだけではない。先物市場やインデックス（平均株価）売買にも幅広く手を出してくる。その狙いは、「あらゆる儲けのチャンスをとらえて、運用成績を上げたい」、ただその一言。

個人投資家も機関投資家も、「お金を殖やしたい」「より高い運用成績を叩き出したい」で、みな躍起となっている。

よく見ると、やっていることは「株価、すなわちお金を追いまわしているだけ」から一歩も出ない。それを投資と思い込んでいる。

投資は難しい？　なかなか儲からない？

おもしろいというか笑えてくるのは、個人投資家も機関投資家も「儲けよう」「成績を上げよう」で躍起になっている。その横で、「一体、なにを言っているか」だ。

個人投資家は「投資は難しい」「なかなか思うようには儲けられない」と、あっちこっちでうめいているではないか。あるいは「はじめのうちは利が乗っていたが、結局は損してしまった」といった嘆き節だ。

機関投資家は機関投資家で、「インデックスを上まわる成績を上げるのは至難の業である」「株価全般が下げていたから、とてもではないが、運用にならなかった」とかの、弁解やら泣き言ばかり。

だったら、投資なんてやらなければいいのに。そう思わない？

それどころか、「投資は難しい」と言っているのに、誰もやめようとしない。相変わらず個人投資家も機関投資家も、株式市場へ飛び込んでいく。めげることなくね。

なぜかって？

みな儲けたいからさ。運用のプロと言ってはばからない機関投資家のファンドマネージャーは、なんとしても成績を上げて給料やボーナスを増やしたいからよ。それで性懲りもなく、株式市場にたむろする。

笑えてくるって書いたのは、まさにそこのところだ。

儲けようと頑張っても、儲けられない理由

個人投資家も機関投資家も、みな「儲けよう」「ひと稼ぎしよう」で、眼をギラギラさせながら株式市場に飛び込んでくる。

みながみな、「儲けよう」「損したくない」で血眼になっている。裏を返せば、「誰にも儲けさせないぞ」「損は他人に押しつけてやる」ということだ。

そんな鉄火場みたいなところで、どうやって「自分だけ儲けられる」と思ってしまうのだろう？　どうやって、「自分だけは損をせずに、下げ相場を切り抜けられる」などと言い切れるのか？

いいかい。

儲けるってことは、「上手く安いところで買った株式が値上がりしたところを、さっと売って利益を得るってこと」――それに尽きる。

考えてごらん。株式市場には数え切れないほど多くの投資家が参加してきている。そしてみながみな、自分の儲けを狙って眼をギラギラさせているのだよ。

儲かりそうな株式に飛びつき買いをするのも、パッと売って利益確定しようとするのも、「みな同じタイミングで、同じように行動する」ことになる。

まさに鉄火場だが、そんなところへノコノコと出かけていって、どうして自分だけ上手く儲けられようか。よほど抜けめなく機敏に立ち回らなければいけないが、「それとてままならないほどに、多くの投資家が群がり集まっている」のだ。

ギューギュー詰めの満員電車に、「さっと割り込んで、さっと降りる」なんて、できると思う？　辛うじて割り込めたとしても、そう都合よく降ろしてくれはしない。星の数ほどの投資家を出し抜いて、そうそう簡単に儲けられるわけがない。自分だけ儲けさせてもらおうなんて、甘い幻想もいいところだ。

でも、株価は時々刻々と上がったり下がったりして動いているではないか？　そこを上手く買ったり売ったりすればいいのでは？

違う。

株価が上がったり下がったりするのは、多くの投資家が「儲けよう」「損したくない」で群がり集まってきて、買った売ったの行動をした「結果」である。売り買いの力関係が時々刻々と変わって、株価の上下変動となっていくのだ。

株価の上下変動は、眼をギラギラさせた人たちが「儲けよう」「損したくない」で、買うなり売るなりの行動をした「結果の推移」に過ぎないのだ。

その株価変動を見ては、儲かりそうだと夢見て、次から次へと新たな投資家が群がり寄ってくる。それが、株式市場をはじめとするマーケットというものである。

マーケットには誰でも好きに参加できる。しかし、そう簡単に儲けられるような、甘いところではないのも事実。

みな「マネー転がし」をやっているだけ

もちろん、株価を追いかけて「儲けよう」「稼ごう」とするのは、投資家の自由である。そこで、どれだけ儲けられるかは別問題なだけということ。

実際、株価は上がったり下がったりするから、上手く立ち回れば儲けることができそうに思えてしまう。それが投資家心理をかき立てることになる。

多くの投資家は、こう考える。株価変動を上手くとらえて、「安く買って、高く売る」「高いところで売っておいて、安値で買い戻す」ことで、投資の利益は得られるはず。

そう、株価は時々刻々と上下変動を繰り返しているから、それに合わせて買ったり売ったりの「投資」をすればいいじゃないか。

世の中で「投資と思われていること」を書き並べてみた。しかし、これらのどれもが「マネー転がし」と、ひと括《くく》りにできる。

株式投資をしているといっても、「株価を追いかけては値ザヤを稼ぐ」ことを目的としているのではなかろうか。

そう、お金を転がしては、お金を殖やそうとしているだけ。つまり、「マネー転がし」をしているだけなのだ。

それをもって投資というのは、そもそもが間違っている。

マネー転がしは「株式のディーリング」、あるいは「投機」の世界のものといっていい。決して、投資ではない。

そもそも株式のディーリングとは？

それこそ朝から晩まで株価変動を追いかけては、「安値を買い、高値を売る」作業を延々と繰り返す。

株価はどんどん上下変動するから、ディーリング売買も次から次へと買い注文や売り注文を出しまくる。上手く値ザヤを抜けたディーリングもあれば、裏目となることもある。それらの儲けや損失を合算したものが、その日の成果となる。

まさに、マネー転がしである。彼らには、「株価を追いかけては、株価に飛びかかっていく」ことしか眼中にない。そして、ひたすらディーリング益という金銭的収入を追い求めるだけだ。

では、投機とは？

投機とは、文字通り「機に投じる」ことである。「投資(!?)する対象」はなんでもいい。

「ここから値上がりする」と見たものを、タイミングを見はからって買う。そういった切れ味鋭い買いでもって、値上がり益を手にしようとするのを投機という。

あるいは、そろそろ値崩れすると読んで売りを仕掛ける。思惑どおり大きく下がったところで、買い戻して利益を手にする。

小さな投機は、日々のディーリングとそう変わらない。一方、大きな投機は相場の潮目を読んで勝負をかける。

ともあれ、やっていることは、しょせん「マネー転がし」である。

さもなくば、投資の真似ごとをやっているだけ？

多くの個人投資家やプロといわれる機関投資家を前にして、「しょせん、投資の真似ごとをしているだけでしょう」と言ったら、どうなるだろう。相当に怒られるだろうね。

でも構わない。あえて「真似ごとをやっているだけ」と言おう。

もちろん、ケンカを売る気もなければ、投資の理論とかの議論をする気もない。たった一言、「では、きちんと結果を出していますか？」と問いかければ、ほとんどの人は黙ってしまうはず。

先ほども書いたじゃない。個人も機関投資家も口をそろえて、「投資は難しい」「なかなか儲からない」と言っていると。堂々たる実績を積み上げている投資家らしい投資家は、そうそういない。

まあ、ゆっくり読んでもらおうか。先ほどのディーリングや投機は、株価など相場を追いかけては利ザヤ収入を狙うもの。

一方、投資とは株価など相場の大きな流れを先読みして、「安い時に買っておいては、高くなるのを待って利益確定するもの」と一般的に理解されている。

その理解でいい。株価を追いかけるのではなく、相場にはつかず離れずでいる。そして、「ここはリスクを取って買い出動しよう」と判断した時には、断固たる買いを入れるのだ。

相場をちょっと横から眺めていて、「この株は売られすぎて安い」と思えば、さっさと買っておく。多くの投資家が売り逃げに走っている間に買っておき、投資家人気が戻って高くなったら売り上がっていくのが、投資運用というものである。

この簡単なことが、個人投資家も機関投資家もなかなかできない。だから、投資の真似ごとをやっているだけと、申し訳ないが言ってしまうのだ。

暴落相場を買えるか?

問題は、ここからだ。「安く買っておいて」は投資のスタートにあたるが、果してどれだけ多くの投資家が「安い時に買える」だろうか?

早い話、株式市場が暴落している時に、「さあ、ここで買い注文を出しましょう」と行動できる投資家は、まずいない。だから、株式市場は暴落しているのだ。

もし、多くの投資家が「よっしゃ、この下げは買いましょう」と買い注文を出したならば、暴落相場などすぐ収まる。

ところが、ほとんどの投資家は買い注文を出すどころか、大慌てで売り逃げを考える。すでに相当の値下がりをしていたとしても、「さらなる損失の拡大を防ぐため、ここはひとまず売っておこう」となる。それが暴落相場というものだ。

暴落相場でなくとも、株価が長期低迷しているような時に、さっさと買い仕込みに入れる投資家も、これまた皆無に近い。

買いが集まってくれば、長期低迷相場などすぐ脱出できる。誰も買わないからこそ、長期の低迷相場がダラダラと続くわけだ。

このように、株価の安い時に平気な顔して買い仕込みできる投資家は、ほとんどいない。だから、個人投資家も機関投資家も「投資の真似ごとをしているだけ」と言ってみたのだ。

悔しかったら、暴落相場を買ってみなよ。

われわれと一緒に暴落相場を平然と買い向かえるのなら、「オーッ、投資しているね」と言ってあげよう。

本当の投資とは？

世の中をよくすること、多くの人に喜んでもらうこと。そのために、自分の資金を役立たせてもらう。投資とは、それに尽きる。

一般的に投資と混同されているディーリングや投機などは、ひたすらお金を追い求めるだけ。つまり、限りなく無機質な世界でマネーゲームをやっているわけだ。

個人投資家や機関投資家の多くがやっている投資の真似ごとも、しょせん「相場を追いかけては、相場に振りまわされている」だけのこと。本物の投資とは、とてもいえない。

では、本当の投資とは？　投資というものは「世の中の将来を築いていく方向に、お金をまわしてやる」ことである。

無機質とは正反対に限りなく人間的でもある。むろん、相場をしゃかりきに追いかけては、相場にズタズタにされるヘナチョコ投資でもない。

投資はまずなによりも、投下する資金でもって経済活動を活発化させる役割を果たす。その時、どんな方向へ経済を持っていきたいかが問われる。やみくもに経済活動を活性化させるのではない。ましてや、「ただ、お金が儲かれば」ではない。

より人々の幸せにつながるような方向へ、「お金をまわさせてもらう」のだ。その方向を定めることが、投資の第一歩となる。

ただ金儲けするのなら、方向など問わない。儲かりそうな分野へ資金を投入して、たっぷりお金を稼げばいい。後は野となれ山となれだ。

投資は違う。

同じく社会を構成している一員として、「どんな世の中にしていったら、みながより幸せに暮らせるか」をトコトン重視する。それが出発点となる。

投資のリターンとは？

自分だけ儲かればいいのではない。みなが豊かになり、みなに喜んでもらえてはじめて、投資のリターンが得られると考える。

そもそも、投資のリターンとは「戻ってくる」という意味である。投入したお金が経済の拡大発展に貢献し、多くの人々が豊かになる。

経済のパイが大きくなった結果として、「ありがとう」という言葉とともに、投下した資金が殖えて戻ってくるのである。

どうして殖えるのかって？　経済はお金をまわしてやることで、どんどんその活動が活発化し、拡大発展のスパイラルに入っていく。そのきっかけをつくるのが投資、とりわけ長期投資である。

そこで重要になってくるのは、どんな方向で経済が拡大発展するかだ。世の中や社会がよくなり、人々がより幸せに暮らせる方向でもって経済活動が活発化すれば最高である。

一部の人ではなく、多くの人々が豊かになれば、その消費が経済のパイをさらに拡大させる。それが経済の拡大再生産の好循環スパイラルへとつながっていく。

この循環に入ってくれれば、経済活動はますます活発化し、経済のパイはどんどん大きくなる。大きくなったパイの分け前が、投資のリターンということになる。

それはそうなんだろうが、どうも理想論を並べているだけで青くさい?

青くさいけど、投資の成果は積み上がってくる

年金の運用をはじめとして、世の中で投資だとか投資運用だとかにしゃかりきになっている人たちからすれば、たしかに青くさく映るだろう。

どう映ろうが、お好きにどうぞだ。青くさかろうがなんだろうが、投資の成果が出ていれば文句はなかろう。

マネー転がしに血眼となっている個人投資家や機関投資家と、われわれ長期投資家とを比べてみるがいい。5年、10年たってみて、それぞれの成績はどうなっているかで勝負してみよう。

ここは具体例を出したほうが早いから、第1章のさわかみファンドにもう一度登場してもらおう。

さわかみファンドを設定してから今日まで16年8ヶ月となるが、その間ずっと日本経済は長期低迷し続けた。それどころか、むしろ縮小のトレンドをたどってきている。

2012年12月からアベノミクスがはじまり、日本経済の活性化とデフレ脱却に注力しているが、なかなか成果が出てこない。

日本株市場もずっと低空飛行を続けた。それでも、アベノミクスに乗って株式市場に活気が戻り、2015年の4月には日経平均株価は2万円台を回復した。ようやく、15年ぶりの高値更新と喜んだのも束の間で、その後また1万6000円台まで下げて、現在もその近辺をウロウロしている。

このような低調きわまりない経済ならびに投資環境下、マネー転がし投資家たちは、一体どんな成績を残してきただろうか。

個人投資家も機関投資家も日本株市場の低迷を嫌って、多くは海外債券や株式に活路を求めたはず。あるいは、年0・3%前後の利回りしか得られない国債のほうが安全で、株式投資より魅力があると言っていたではないか。

株式投資なんて、2012年の11月半ばまではほとんどの投資家が敬遠していた。実際、日本株市場には閑古鳥が鳴いていた。

その間、1人さわかみファンドはブレることなく本格的な長期投資を続け、年率にして4・2%のプラスという結果を残している。日本経済がジリ貧と縮小トレンドをたどっていたなか、お客様にはプラスの成果をお届けしていたのだ。

日経平均など株式市場の指標に対しても、ジリジリと差を広げていき、いまや2倍の差をつけている。

圧倒的な差をつけてしまったのは、誰も否定できまい。

では、さわかみファンドは一体なにをやってきたのだろう。

先ほどから言っているように、青くさい長期投資を淡々と、かつ愚直に貫いてきただけだ。なんのテクニックも使っていない。

景気がどうの株式相場がこうのなど、一切お構いなし。ひたすら「よりよい社会をつくっていく方向で頑張っている企業を応援しよう」としてきただけ。

「なにがなんでも、この企業は応援するのだ」

その青くささこそが、圧倒的な成績となって表れてきたということだ。

企業を応援するって？

本物の投資、つまり長期投資は、「よりよい社会をつくっていくために、お金をまわさせてもらう」ことである。だから、「どんな社会をつくっていくかの方向を定める」ことが重要となってくる。

ところで、新しい経済社会を切り開いていくのは、いつでも「事業家と投資家のみ」と相場は決まっている。読者のみなさん、聞いたことあるかな？

事業家も投資家も、「世の中こんなふうになったら、いいよな」と思えることを実現させるため、情熱とエネルギーを傾け、私財をも投入する。そういった世の中を先取りしていく行動力こそが、新しい経済社会を切り開いていくことになる。

そこで長期投資家の出番となるが、われわれは「これはと思う」方向で頑張っている企業をトコトン応援しようとする。なぜなら、われわれが願う社会を築いていく方向で事業を展開してくれているからだ。

応援するという以上は、株式市場が暴落している時ほど応援のしがいがある。それは当然であろう。

個人投資家や機関投資家は暴落相場に遭遇するや、大慌てで売り逃げし株式市場から脱出しようとする。つまり、よりよい世の中づくりのために頑張ってくれている企業を、株価が下がったからといって情け容赦なく捨てているのだ。

そんな時、われわれ長期投資家は「みなが売るなら売るがいい。こちらで、どんどん買ってやろう」といって買い出動する。その心は、「この企業は、なにがなんでも応援しなければ」と思うからだ。

長期投資家が断固たる買いを入れるから、売り逃げしたい人たちは売って現金を手にできる。したがって、彼らからは「ありがとう」と感謝されてもいいはず。これもまた、みなに喜ばれることだ。

ともあれ、大事なのは売り逃げする投資家に現金を渡してあげるだけではない。株価が暴落している最中に、「うちの会社を応援してくれている投資家がいるぞ」といって、企業が勇気を得て元気になることだ。

暴落相場をみなが売り逃げに走るなか、長期投資家が敢然と買いに来ている。これほどありがたく、勇気づけられることはない。

一方、われわれ長期投資家からすれば、「こんな将来をつくっていこう」と願っている、同じ方向で頑張ってくれている企業だ。応援しない理由はない。

どうせ応援するなら、みなが売り逃げに走る暴落相場ほど買い向かう価値がある。「ここは、決して逃げないぞ」という意思と意気込みを、その企業と共有するのだ。そして、ともにウィンウィンの道を走るってわけだ。

結果的に、最高の買いをしてしまえる

世の中よくしたものである。株式市場が暴落時にその企業の株式を応援買いするということは、びっくりするほどの安値で株式を買うことになる。

そういった安値で買った株式は、どこで売っても利益となる。暴落症状が落ち着いてくるや、多くの投資家が株式市場に戻ってくる。そして、価値を忘れて叩き売りし

た株式が、いまや割安に放置されているといっては、大慌てで買ってくる。

われわれ長期投資家は、暴落時にたっぷり買い仕込んである。みなが買いに戻ってきたいま、急速な相場の戻りにゆったり乗っていることになる。

先の項で書いたマネー転がしの連中は、ちょっとでも価格差を求めて「利ザヤを抜こう」と眼の色を変えている。だからといって、そう上手くはいかない。

ところが、われわれ長期投資家は「これはと思った企業を応援しよう」と、暴落相場を敢然と買いにいく。みなが売る安値を買っておけば、どこで売っても利益となる。楽なものである。

これが、マネー転がしで躍起となっている人たちと、われわれ青くさい長期投資家との違いである。

そして、圧倒的な成績差がついてしまう要因ともなる。

第4章

本気で投資の勉強をしたい人へ

ちょっと固い話をしよう

セミナーなどでは、いつも「投資の勉強はしないほうがいいよ」と言っている。ところが、みなさんまじめだから「投資の勉強をしなくて本当にいいの？」と驚く。

ましてや最近は、アベノミクスによる株高を受けて、「株式投資でこう儲けよう」「株式投資の極意」とかいった書籍が書店に鈴なりとなっている。

そういった本を買うのは自由だが、どの株式投資本も、みな1年もしないうちに消えていく。投資の極意だったら、50年、100年と、ずっと価値を保ち続けていいはずだがね。

ともあれ、出ては消えの投資本に踊らされるかのように、みなさんまじめに投資の勉強をしようとしている。

投資なんて「安いところで買っておいて、高くなるのを待つだけ」だから、暴落相場の安値を買いにいけば、もうそれで十分。

別に、これといって難しい勉強などしなくていい。

やることはといえば、「これはと思う企業を応援する」という強い意思と意欲を持つことだ。

投資のキモとなるところは、第3章でたっぷり書いておいた。したがって、この第4章は飛ばしてくれてもいい。

ただ、「本気で投資の勉強をしたい人へ」という表題に興味を持った読者は、じっくりと読んでくれていい。

なにしろ、筆者は世界の投資運用の現場で、45年も生き抜いてきたのだ。大まかにいうと、最初にいた10人の運用者で、10年後に生き残っているのは1人か2人。15年たってみると、1人生き残っているかどうかの世界でだよ。

すさまじい淘汰の現場で、45年あまり生き抜いてきたというからには、それなりに成績もよかったはず。間違えても化石ではない。

その筆者が「本気で勉強するのなら」と、ひとつの章を設けたからには、まあ一読する価値はあるといえよう。

では、はじめようか。

投資の勉強をすればするほど、暴落相場を買えなくなる

あまりキツイことを言うのも気が引けるが、みなさん投資とか運用とかの勉強をしすぎだよ。

投資の勉強とやらをすればするほど、「本当の投資」から離れていってしまう。そのドツボにはまっている投資家の多いこと、気の毒な限りである。

たとえば、「株式投資は企業の利益成長機会に参加すること」だと学ぶ。企業が利益成長すれば、それだけ投資価値も高まり、したがって株価も高くなる。

だから、将来に向けて利益成長の可能性が高い企業を選んで投資すべし、と教わる。いわゆる、業績向上期待のある銘柄を発掘して投資するということだ。まったくもって、株式投資の常識である。

通常の相場展開においては、それでいい。実際、どの投資家も教わったことを忠実に守って、株式投資とやらをやっている。業績見通しが上方修正だとなれば、ワーッと買い群がる。

ところがだ、なにかの加減で株式市場が暴落するや、状況は一変する。投資の勉強をしてきたお利口ちゃんたちは、もうお手上げである。

株価暴落の原因が、世界経済の減速であれ、多国間の紛争など不測の事態発生であれ、はたまた天変地異であれ、なんでもいい。ともかくも、業績見通しは下方修正される懸念が出てきた。

それだけで、もう買えなくなってしまう。たとえ株価が、ガンガンの強気で買っていた2日前と比べ、大幅に下げたとしてもだ。

せっかく暴落相場で「安いところを買い仕込むチャンス到来」なのに、業績見通し下方修正のほうに意識がいってしまい、もはや買い注文どころではなくなってしまう。

そういった、ヘナチョコ投資家の多いこと。

「株式投資は企業の業績向上を買うもの」を金科玉条にしていると、それに振りまわされて暴落相場の安値を買えなくなってしまう。

「理論的には」「確率的には」が一番キケン

別の例を挙げようか。よく機関投資家などが、「リスクをコントロールしながら、投資収益を最大化させる」という。

これなんぞ、「お利口ちゃんの投資」の最たるものである。投資の勉強を進めると、たしかに「理論的には」とか「確率的には」という言葉でもって、「これこれで、リスクは抑えられる」と説明がつくような投資ポートフォリオを構築できる。

しかし、その「理論的には」「確率的には」こそが、くせ者なのだ。多くの投資家が「理論的には」「確率的には」で、結局は似たり寄ったりの投資ポジションを持ってしまう。それがマーケットの方向性を形づくる。

日本の投資家はひとつの方向へ、みなが集まれば集まるほど、ますます強気となる。なんとなれば、多くの投資家が集まることで、相場の勢いが増すから安心だと考えるわけだ。

ところが、百戦錬磨の投資家（日本ではめったにお眼にかからないが）は、それを見てニヤリとする。みなが寄れば寄るほど、そのトレンドはどこかで崩れる。その崩れを、手ぐすね引いて待ち構えていればいいのだから。

どういうことか、大きなテーブルで考えてみよう。理論的にとか確率的に「これは、いける」という投資に、日本の投資家はどんどん群がり集まってくる。その様は、多勢の人々が次々とテーブルに飛び乗ってくるイメージだ。

だが、どんなに大きなテーブルでも無限に人を乗せることはできない。その重みで、いずれはテーブルのどこかが崩れ落ちる。

テーブルの一角が崩れ落ちたとなれば、乗っかっていたみなが大慌てで飛び降りようとする。これが、「相場の崩れ」である。百戦錬磨の連中は、その崩れを大きく手を広げて、のんびり待ち構えているってわけ。

そうなるとだ。

「リスクをコントロールして、投資収益の最大化を」とか言っていた投資家は、もう眼も当てられない。混乱に右往左往するだけ。とんでもない修羅場に叩き落とされることになる。

マーケットは生きものである。そこには「儲けよう」「稼いでやろう」で血眼になった投資家がゴロゴロしているのだ。彼らには「理論的に」も「確率的に」もヘチマもない。

理論とか確率とかで、同じ方向へみなが寄れば寄るほど、崩れが出る確率が高くなるのは避けられない。昔から、相場格言に「理外の理」というのがあるが、まさにそのことをいっている。

資金運用と投資運用とは、まったくの別もの

第3章で書いた、「マネー転がし」は資金運用の世界のものである。われわれの長期投資とか本当の投資からすれば、およそ別世界の住人みたいなものといえる。

年金をはじめ機関投資家が運用する資金は、毎年きちんきちんと成績を残すことを求められる。運用の状況ならびに、毎年の運用成果をチェックして、引き続き運用を担当させられるかどうかを判断するためだ。

毎年の運用成績を出そうとすると、どうしても短期の投資やディーリングが主体となってしまう。いってみれば、マネー転がしだ。これを資金運用という。

そう、どの機関投資家も投資とは名ばかりで、毎年の成績を出すことに最大の努力を傾けなければならないのだ。なにしろ、成績が悪ければ運用資金を取り上げられてしまうからね。

資金運用すなわちマネー転がしは、いってみれば計算ずくの世界であり、テクニックや技が成績の成否を左右する。世界中のマーケットを対象に、いろいろな運用対象の価格差や金利差を狙った裁定売買を仕掛けたり、レバレッジを掛けたりする。

レバレッジとは、テコの原理を駆使するという意味で、1の資産を借り入れでもって5倍とか10倍にして、ディーリング益を狙うわけだ。0・2％の値ザヤを抜いても、5倍のレバレッジを掛けておけば1％の利益となる。そこから借り入れコストを支払ったものが、全体のディーリング益となる。

テクニックともなると、1秒間に1000回、2000回のトレーディングをコンピュータにやらせる高速売買も入ってくる。相場観の読みなどそっちのけで、ひたすら株価の値動きを超高速で追いまわすのだ。

ここまで読んでくれれば、機関投資家の間で投資といっている資金運用と、本書でいっている長期の投資運用とは、まったくの別世界のものと理解できよう。

そして、機関投資家のほとんどが資金運用の世界に追いやられているのだ。なにしろ、年金などの投資家顧客から毎年の成績を問われるから、のんびり長期投資なんていっておれないのだから。

日本株運用の80％前後がインデックス売買

そういった機関投資家の資金運用は、日本株投資でも顕著に表れている。いまや機関投資家の日本株運用の80％前後は、インデックス先物を活用したトレーディングといわれる。

インデックスとは日経平均株価や東証1部株価指数（TOPIX）といった指標をいう。日経平均であれば225銘柄をカバーしているし、TOPIXは東証1部上場銘柄すべての加重平均株価である。

先物市場がずいぶんと整備されてきたこともあって、機関投資家は日本株運用で個別株に投資するよりも、インデックスを売買する方向へ急速にシフトした。インデックスなら日本株の大半をカバーしているし、先物市場は流動性が大きいから大量の資金を運用できる。

まさに資金運用におあつらえ向きである。機関投資家の巨額資金を個別株で運用するのは手間もコストも大変である。ところが、インデックスであれば全部まとめて1本化できる。それを先物市場で活用すれば巨額資金でも運用できる。

さて、ここらからが問題である。

日経平均株価やＴＯＰＩＸなどのインデックスは、個別企業の業績動向などよりも、景気や金利などのマクロ指標に反応しがちである。

ということは、ていねいに個別企業を調査分析して、応援銘柄を選別するといった作業は、まったくの無用となる。機関投資家の多くは数年、あるいは10数年前から、この落とし穴にはまってしまっている。

たしかに彼らは巨額の資金を運用し、日本企業の大株主でもある。しかし、投資の本質である「企業とともに、よりよい社会をつくっていく」という、本来あるべき姿からは大きく逸脱してしまっているのだ。

たとえば、インデックス売買にのめり込んでいる機関投資家が大株主として議決権行使するといっても、果してどこまで企業の長期的、かつ持続的な成長を視野に入れているだろうか？

こう見てくると、個人投資家、とりわけ本格的な長期投資家がどんどん登場してくれることの社会的かつ時代的な重要性が、理解できるだろう。

ところが、日本の個人の大半が投資などやったことのない人たちである。その人たちを、どのようにして本格的な長期投資の世界へ案内できるかは、日本経済にとって大きな課題である。

ひとつの方法論は、われわれのような本格派の長期運用投信に集まってくれることだ。個人に代わって、長期視野で企業を応援していくことができる。

これが長期の株式投資だ（その1）

ともあれ、長期視野で企業を応援していくにあたって、いくつか大事な勉強がある。そこだけは、しっかり押さえておこう。

まずは、付加価値分析だ。「分析」とか書くと、なにやら難しいことか思えるかもしれないが、身構える必要はない。実に簡単な作業をするだけ。

企業というものは、社会にどれだけ富をもたらすかが問われる。富の創出といってもいい。それが付加価値である。

いつでもそうだが株式市場では、グングン利益を伸ばしている企業を、有望銘柄ともてはやす。儲かっている、利益率が高い、ROE値（株主資本利益率）が高まっている、といったあたりを買いの材料とする。

一方、長期投資家は違う。その企業がどれだけ付加価値を高めているか、その付加価値の中身を見て、応援したいかどうかを決める。やみくもに「その企業の利益が多ければよし」ではない。

付加価値とはなにか？　次ページにある図表7を眺めながら、ゆっくりと読んでいこうか。

第1は、人件費だ。長期投資家が応援したくなる立派な企業は、できるだけ雇用を増やし、できるだけ多く給料を払おうとする。一見、それは企業の利益圧迫要因と見なされ、一般の投資家は「オイオイ、ちょっと待ってよ」と言いかねない。

【図表7】世界経済はならしてみると、ずっと４%成長している

- ［地球上人口の増加］×［人々のより豊かな生活へのあこがれ］＝世界経済の成長
- 世界経済の成長の過程で、いくつかのメガトレンドが発生している
- 金融の時代という、40年越しのメガトレンドは終わった
- 新しいメガトレンドが立ち上がってきている
- 世界の人口は増え続けており、地球上の人々それぞれが猛烈な勢いでより豊かな生活を求めている
- エネルギーや食料はじめ、あらゆるモノが今後ますます不足するのは眼に見えている
- それに対し、世界中があまりにも投資不足

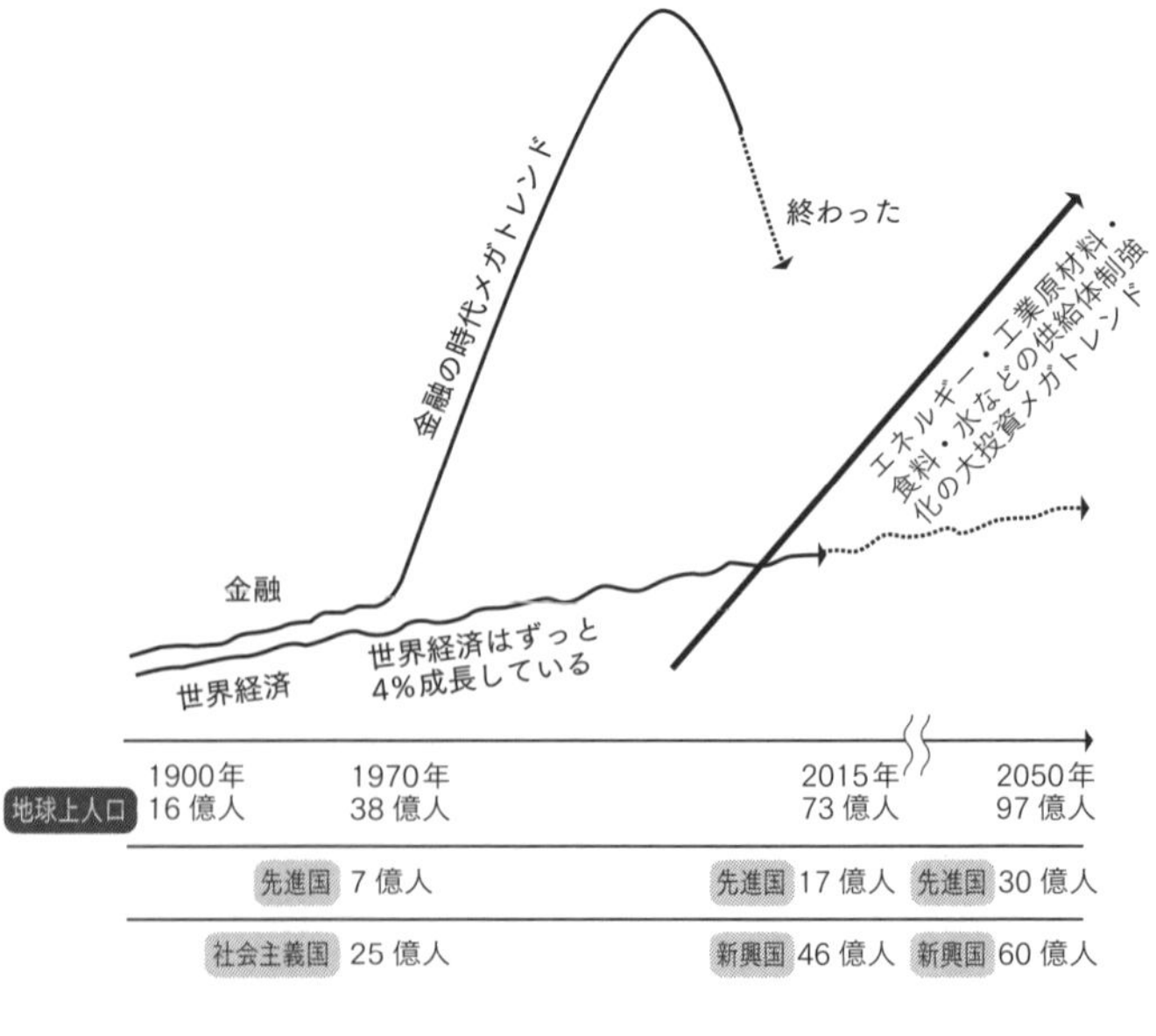

しかしだ。従業員に給料をたっぷり支払うということは、消費の拡大につながる。つまりは、経済のパイを大きくし、まわりまわってその企業の将来売上げとなって、戻ってくるということだ。

この大事なところを理解せず、人件費を削っては目先の利益をガツガツ追い求めている企業が多い。そういった企業に持続的成長など望めない。だから長期投資家は応援する気すら起こさない。

第2に、減価償却費や研究開発費をたっぷり計上しているかどうかも大事である。その企業が将来の発展成長に向けて、積極果敢に布石を打っているかどうかが、はっきりわかる。

目先の利益を追いまわすあまり、将来への投資をおざなりにするような企業では、とても長期で応援する気になれない。短期の利益追求に汲々としている経営者が陥りがちな盲点である。

第3に、賃借料や利払い費、そして税金。これらも、その企業がどれだけ社会に富を生み出しているかの大事な指標である。

最近、「パナマ文書」というのが世界の指導者や大企業を揺るがせている。タックスヘイブン（租税回避地）を活用して節税や脱税を図っているということだが、国民経済的にはマイナス要因そのもの。これなんぞ、付加価値という考え方からは完全に外れている。

これらの6項目、つまり人件費、減価償却費、研究開発費、賃貸料、利払い費、税金は、いずれも企業からすれば費用項目である。経営の立場では、できるだけ費用を抑えて利益を最大化させたい。

しかし、企業は社会的存在であり、富を創出することこそが重要な役割という観点からすると、これらの費用は多ければ多いほど望ましいのだ。さらにいえば、どれも経済の拡大発展につながる出費であって、やはり多いほどありがたい。

長期投資家は、そこのところを重視して企業を見る。そのうえで、そこそこの利益を出してくれているならば、もう最高である。

これが長期の株式投資だ（その2）

かりに、利益計上はいまいちでも、しっかりと全体の付加価値額を増加させている企業には、大いに興味がある。

なぜかって？　全体の付加価値額を増加させていることが、企業の真の実力だからだ。その企業の社会的存在理由を存分に果しているからともいえる。

一般的な株式投資では、高収益企業がよい会社とされる。たとえば、機械化や自動化を極限まで進め、雇用を削り落とした企業は、しばらくは高収益を謳歌できよう。そして、それを株式市場はもてはやす。

しかし、雇用を削れば消費の減退を招く。〝効率化経営〟などというもので株主利益をやみくもに追求すると、社会全体への富の分配をないがしろにし、経済の拡大発展にブレーキをかけてしまう。そこのところを、長期投資家はしっかりチェックする。

どの企業も単独では生きられない。商売のベースとなる経済が疲弊したり、消費が落ち込んでいっては、どんな高収益企業も利益の出しようがない。

やはり、経済も企業も「持続的成長」というものが大事である。持続的成長という基盤こそが、企業の付加価値増加となる。

それなかりせば、長期の応援投資もままならない。よりよい社会をつくっていくのも、生活者と企業とが紙の表裏の関係で、協同作業をしなければならないのだから。

その点、よく株式市場で重視するROE（株主資本利益率）が高ければよしとする考え方は、短絡的にすぎるといえよう。ROE値など会計上の操作でいくらでも大きくできるが、なんら社会や経済に富をもたらしたわけではない。

「ROE重視」などと言っている経営者も、自分の功績を誇示するだけでは、お話しにならない。経営者たる者、あくまでも会社の将来発展のために、どんな布石を打つかが問われる。

したがって、ただ単純に最終利益が増えているとかでもって、その企業を応援するなんてのはあり得ない。長期投資家には考えられないこと。

あくまでも、その企業が社会にどれだけの富を生み出し、将来の経済発展にどんな布石を打っているかでもって、応援したい企業かどうかを判断する。株式市場でもてはやされる表面上の高収益企業など、長期投資家にとっては興味の外である。

これが長期の株式投資だ（その3）

世界経済は、20年30年の時間軸で見ると、ずっと4％近い成長を続けている。もちろん、一直線の経済成長ではなく、成長スピードを上げたり落としたりしながら、長期でならしてみると4％近い数字となっている。

この4％近い成長率は、今後も20年30年と続く、そう考えていいだろう。とはいえ、繰り返すが毎年コンスタントにということではなく、長期でならしてみると4％近い成長ということだがね。

その背景には、地球上の人口がどんどん増加していっているという点が挙げられる。国連の人口推計によると、現在73億人の世界人口が2050年には97億人に増加するという。

国連の人口推計というのは最も確かな将来予測といわれている。その予測が97億人（国連推計の中位値）なのだ。1日あたりにすると、17万8000人の増加である。10日で178万人だ。

すさまじい勢いである。毎日17万8000人というスピードで地球上の人口が伸び続けるということは、それだけ衣食住の需要が増加することを意味する。すごい経済成長要因である。

そこへ、もうひとつ加えよう。それは、地球上どこの国の人々も、より豊かな生活を求めてやまないということだ。

新興国を中心に世界中の人々は物質的な豊かさを実現すべく、家電など耐久財を次々と買いそろえている。これもすごい経済成長要因である。

世界人口が増え続け、かつどんどん消費を高めていけば、世界経済の規模は拡大する一途となるのは、誰だって想像できるはずだ（図表8参照）。

ここに、長期投資家の視点がある。現時点では、原油安、資源安で世界経済の成長率ダウンを危惧する投資家が、マーケットの多数を占めている。

しかし、われわれ長期投資家はマーケットの見解など無視だ。それよりも、図表8で示した世界経済全体の需要の伸びに焦点をあてている。つまり、今後20年30年にわたって、エネルギーだろうと資源だろうと、想像を絶する伸びとなるはず。

これだけ需要が拡大するのだから、世界経済が伸びない理由はない。見方を変えて、構造的なインフレ要因が横たわっていると読む。

そう、長期的に見て株式投資に有利な状況が続くのだ。しかるに、マーケットでは中国リスクとか現状の世界経済から判断して、弱気筋が圧倒的に多い。どちらに分があるかは、考えるまでもないだろう。

【図表8】いろいろな暴落を経ても、株価は10%の伸びを示している

- われわれは生きている間に、いろいろな「大変な事態」に遭遇する
- その都度、株式市場は「なんとかショック」で大暴落する
- 世の中が落ち着いてくると、株価は大きく戻し、後でならしてみれば年10%くらいの伸びとなっている
- なんとかショックの暴落相場は、長期投資家にとって絶好の仕込み場となる
- 大恐慌時も、石油ショック時も、ブラックマンデーでも、世界の株価は50～60%下落したが、後で3倍戻しをしている

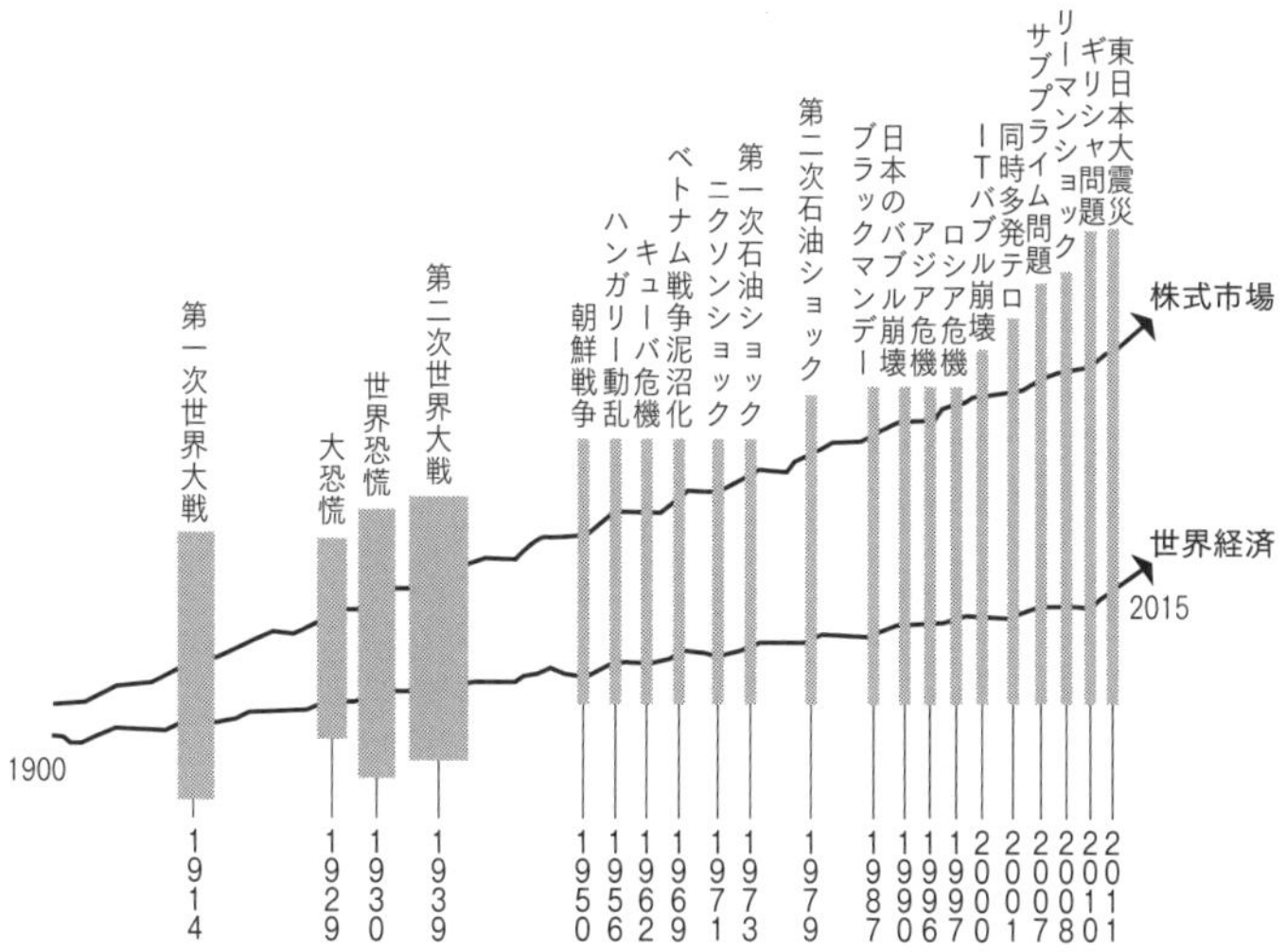

このように、長期的に見てずっと続く大きなトレンドをしっかり押さえる。そのうえで、この5年ぐらいの間に起こるであろう変化を先取りするのが、長期投資の要諦である。

もう、おわかりだろう。投資の勉強とは、理論やテクニックを学ぶことではない。世界経済ベースで見た20年30年は続く大きな流れを、しっかりと読み込んでおく。そのうえで、小さな流れをリズムよくとらえていくのだ。

繰り返そう。大きな流れとしては、世界経済は年にならすと4％近いトレンドを今後も続ける。それを踏まえたうえで、長期視野で応援したい企業を選択する。

そして、マーケットの暴落時にはしっかりと買いポジションを高めておく。そのうち、株価が戻り歩調から上昇のスピードを高めてきたら、薄く薄く売り上がって利益確定する。そして、次の暴落を待って再び買い出動する。

このリズムを大事にすることで、長期の株式投資は大きなリターンをもたらしてくれるのだ。

機関投資家は、お気の毒

本章の締めくくりとして、少し機関投資家の弁護もしておこう。投資の真似ごとをやっているだけとか、キツイことを書いてきたからね。

機関投資家は、年金など投資家顧客の資金を預って投資運用する。投資家顧客からは四六時中、「成績を上げろ」というプレッシャーがかかってくる。

そのプレッシャーも、毎年きちんと成績を出せとか、競争相手に負けるなとか、結構えげつない。

えげつない？

そう。成績が悪ければ、資金を取り上げられて他の運用者へまわされる。そうなると、飯の食い上げである。だから、「お宅と競争相手と、どっちの成績がいいのか？」というプレッシャーを浴び続けるのだ。

しかも、それだけでは終わらない。相場が暴落したらしたで、「運用のプロとして、それが予見できなかったのか」と叱責が飛んでくる。突如起きる紛争や天変地異など、予見できるわけがないのにね。

あるいは、自分の相場観でさっさと行動して、それが裏目に出たらもう大変。たとえば、「この上昇相場、そろそろ売り上がっていこう」といって行動したとしよう。首尾よく、上昇相場が天井を打って下がってくれたら文句はない。

ところが、往々にして上昇相場はさらに続くことが多々ある。そうなると、顧客サイドからは火のような激しい批難が飛んでくる。

「なんで、こんなに強い上昇相場を早降りするのだ。他の運用者たちは相場に乗って、どんどん成績を伸ばしている。お宅だけが成績向上の芽を摘んでしまったではないか」

と、批難ゴーゴー。

下手すると、「お宅のような運用者には、まかせておけない」といって、運用資金を引き上げられることにもなりかねない。そんなことになったら、前述のように機関投資家は飯の食い上げである。

そういったリスクを回避するには、機関投資家は上昇相場を最後の最後まで追いかけていくしかない。その挙げ句、暴落相場に遭遇して他の運用者ともども成績の悪化に苦しむことになる。

これは、機関投資家の宿命みたいなもの。投資家顧客に、いいように引きずりまわされて、結果として大した成績も残せないということになる。

それでも投資家顧客に迎合して、「お客様の言いなりになってでも、運用資金さえ預けてもらえれば」といった機関投資家も数多い。彼らからしてみれば、「予期せぬ出来事で相場が大きく下がり、そのため成績が悪化し申し訳ございません」と言っておけばいいのだ。

そう言われると、年金など投資家顧客も、「こんな事態になったんだから、やむを得ない」となる。

これでは、もともとの資金を預けている個人や家計の立場からすれば、背筋が寒くなるような茶番である。「成績悪化も仕方ない」と簡単に済まされては、毎月年金を積立てている一般生活者の立つ瀬がない。

機関投資家もひとつのビジネスである。彼らは預かり運用資産が大きくなればなるほど、世の中でのステータスは上がる。しかし、その実態を見るに、投資家顧客との馴《な》れ合いも多々あるのだ。

第5章

自助自立の精神こそが、「カッコよく」の第一歩となる

国や会社に頼らない

人はなにかを頼っていて、それがダメになったりするとガクンとくる。「大丈夫と思っていたものが、当てにできなくなる」と大きなショックを受ける。

それは約束でも同じこと。約束していたはずのことが突然、反故《ほご》にされたりすると気も動てんする。2階に昇っていて、ハシゴを外されたようなもの。約束違反だとか言っている間に、1階へ落下してしまう。

国は国民にいろいろな約束というか、約束に近い制度設計で生活の安心を与えている。年金制度しかり、医療保険しかりだ。

ただし、その約束を本当に果してくれるのかどうかは別問題である。よくいわれる政治の怠慢とか無為無策もあるし、想定外の天変地異や大事故勃発もある。

はっきりしているのは、なにか大変な事態が起き、国が当事者能力を失った時だ。国民は情け容赦なく放り出される。それは、歴史の記すところである。

それほどの大変な事態に陥らなくても、なし崩し的に国民への約束を反故にしていくことも多々ある。

その結果、「気がついたら、ユデガエルになっていた」と大慌てするのは国民である。水をゆっくり温めていくと、カエルはのんびりと水に浸っていて、そのままユデ上がってしまう。そういった現象をいう。

もし、カエルを熱い湯に放り込んだら、瞬時に飛び出よう。それは、カエルの生存本能として当然のこと。

ところが、水が湯になっていくなんてことを想像もせず、のんびり水に浸っていたカエルにとっては一大事である。気がついたら、身の破滅を招いていたということになるのだ。

この章では、日本中にはびこっているユデガエル症状を、ひとつずつ洗い出してみよう。

結論から先にいうと、国も会社も当てにしないこと。自助自立の精神を第一にして生きていこう。

人間も動物なんだから、自己の生命力を頼みに生きていく。それが一番である。

国の年金は、どう見ても厳しい

一般生活者の老後の頼りとして、年金は重い役割を担っている。そのなかでも、企業年金は企業それぞれの経営状況によって状況は違ってくる。

一方、国民のすべてが（制度上では）老後の頼りとする国の年金制度は、徐々にドロ沼へ沈んでいこうとしている。

もちろん、国や厚生労働省は年金は大丈夫だと言っている。制度改革で100年安心年金をつくっていくと意気込んでもいる。

それらを、どこまで真に受けるかは、みなさんの好きにすればいい。なにせ日本人は、お上を絶対的に信じる国民なんだから。

われわれは、国や厚生労働省の言葉をうのみにすることなく、年金制度の構造から考えてみようか。すると、「どう見ても無理」と、スッキリ結論づけられる。

まず人口構成だ。かつては、日本の人口構成はきれいなピラミッド型をしていた。

すなわち、若年層人口が圧倒的に多かったから、年金を積み立てていく現役層が、年金財政にとって強固な岩盤を成していた。

一方、制度がはじまった1959年以降しばらくは、年金を受け取る高齢者人口はまだ少なかった。毎年の年金給付が相対的に少なかったから、年金資産は積み上がる一方だった。

当時は日本経済が高度成長期にあったから、国内の資金需要が旺盛で金利は高水準にはりついていた。その結果、債券主体の年金運用（といっても、満期までの持ち切り運用が主体だったが）で、もう自動的に6％強の運用成績が得られたのである。

当時は年金の運用目標を年5・5％に定めていた。債券運用でも年5・5％の運用目標など軽々と達成できた。1％近い運用余剰は、年金保養施設などのコンクリートになっていった。

その横で、超のつくほど潤沢な年金資産を背景に、年金給付の条件をどんどん緩めていった。まさに高齢者天国であった。

年金財政は悪化の一途

ところが、2000年代に入ってくるや、少子高齢化の急進展で国の年金財政はみるみる悪化していった。

人口構成はビア樽型を経て逆ピラミッド型となり、年金を積立てる現役層が相対的に減った。反面、年金給付を受ける高齢者層は急増している。

年金財政は急悪化の道をたどり、2009年からは支払い超に転じた。つまり、年金資産がどんどん積み上がっていった時代は終わり、人口構成の高齢化による支払い超の段階に入ってきたのだ。

このままいくと、年金資産はどんどん減っていくことになる。もうそれは、逆立ちしても避けられない状況下にある。

大急ぎで出生率を引き上げたらどうか？　これから生まれてくる赤ちゃんが年金の積立てをはじめるまで、最低でも20数年はかかる。

その間にも、年金資産の純減スピードはどんどん加速しよう。これは、構造上どうにも止められない流れである。

もっとも、国は2014年秋から公的年金の運用で株式投資比率を大幅に引き上げた。積極的に資産増加を図る方向へ舵《かじ》を切ったわけだ。

これはよい判断である。海外の年金運用では長年の経験からも、より運用実績の高い株式投資が中心となっている。

日本もようやく、債券投資偏重でガチガチの運用から脱却しだしたわけで、歓迎すべき政策判断である。ただし、毎年の成績を株式投資に求めてはいけない。あくまでも、長期の株式投資運用を心すべきである。

年金も医療保険も、高齢化で財政悪化が加速している。でも問題はそれだけ？

世界に例のないスピードで日本の少子高齢化は進んでいる。高齢化の進展で、年金の支払いが増え医療費の増加に歯止めが掛からない。それはもう仕方のないこと。

とはいえ、そのままズルズルいってしまうと、年金財政も医療保険制度もパンクするのは眼に見えている。

現に２０１６年度の予算でも、31兆９７３８億円が社会保障費として計上されている。これは年金給付や医療費の税負担分である。

そして、年金と医療費の積立て不足分を補う予算投下分は、毎年1兆円ずつ膨らんでいくのだ。それだけ税負担が膨れ上がることになる。

このままだと、日本の財政はどこかで破たんする。もうすでに、国の借金はＧＤＰの2・3倍を超えており、先進国で最悪の状態なのだから。

いつかどこかで年金財政や医療保険制度がパンクして困るのは、国民全員である。とりわけ年金で生活している高齢者にとっては、大変どころの話ではない。生活や命にすら直結する大打撃となる。

そうならない前に、いろいろ抜本的な対策の手を打っておきたい。ところが、これといって抜本的な対策が講じられないまま、ズルズルきてしまっている。

政治無策？　そういえば、その通り。

少子高齢化問題は、すでに１９７０年代終わり頃から指摘されている。それ以来、これまでずっと語られてきた対策を政治が断行していれば、事態はこれほど悪化していなかったはずだ。

高齢者が既得権益層になっている

ただ、政治の断行を阻んでいる要因のひとつが、選挙であることは衆知の事実となっている。

年金の支給額を減らしたり、医療費の個人負担を引き上げるなんて言ったら、選挙で負ける。政治家はそれが怖い。なにしろ、高齢者の既得権益が票に直結しているのだから。

「このままズルズルいってしまうと、年金財政も医療保険制度も基盤から崩れ、それこそ元も子もありませんよ」

「だから、いまのうちに1人ひとりの負担が増えても、年金や医療財政の健全化に突き進みましょう」

どの政治家も、そうはっきりと言えない。むしろ、「年金制度はなにがあっても国が守る」とか「100年安心の年金制度をつくる」とか、票につながる甘い話ばかりを選挙民に語る。

その結果が、年金や医療保険財政の急悪化である。そして、そうした悪化を止めようがないという現実なのだ。

一刻も早く政治家は腹を括って、国民、とりわけ高齢者層に少し痛みを伴う改革を断行するしかない。

まあ、それは難しい話だろう。ということは、年金や医療制度の将来はますます厳しくなる?

そう考えておいたほうがいい。とりわけ若い人たちは、「年金はもらえたら儲け」ぐらいに考えて、大きな期待はかけないことだ。

年金財政はガタガタ、それでも制度は守ろう

ただし、だ。ひとつだけ確認しておこう。現行の年金制度が当てにできそうにないからといって、国民年金に加入しなかったり、毎月の納付をしないということは絶対になしだ。

みなの納付があるからこそ、年老いた親がきちんと年金を受け取れる。親がもらっている年金と同じ額を、毎月仕送りすると想定してみよう。とてもではないが、気やすく出せる金額ではないだろう。

これは、曲がりなりにも年金の制度が維持されているからのことで、実にありがたいと思わないか。

どうにも見通しが暗い現行制度ではあるが、なんとか維持できるよう毎月の納付はしなくてはね。

もうひとつ、なにかの事故で読者のみなさんがもう働けなくなったとしよう。想像したくないような不幸に遭遇した時でも、国民年金を積立てていた人は、障害者年金などが死ぬまでもらえることになる。

したがって、年金は当てにしない。されど、制度そのものはみなで守っていこうぜ、ということだ。

預貯金では殖えないどころか、日本経済としても壮大なムダとなっている

預貯金への過度な期待、これも「国に頼っていてはヤバイよ」のひとつ。

日本では昔から（といっても、明治に入ってからのことだが）、預貯金神話といったものが、国民の間に深く浸み込んでいる。預貯金は「安全確実な財産づくりとなる」という神話だ。

それが故に、１７４１兆円の個人金融資産のうち、48・2％にあたる８３９兆円が、預貯金口座に眠っている（日銀速報、２０１５年12月末現在）。

国内総生産（ＧＤＰ）の１・７倍にも達する巨額資金が、年０・01％前後しか富を生まない預貯金勘定に放置されたままなのだ。

これは世界最大の眠れる資源であり、世界最大のムダである。日本経済にとっては超モッタイナイ現象といっていい。

世界最大の眠れる資源？

そう、839兆円のたった10%が預貯金から引き出されるだけでも、83兆円もの巨額資金である。83兆円が消費や株式投資を通じて経済の現場へ流れ込んだら、日本経済はたちまち元気いっぱいとなる。

2016年度の国家予算は96兆7218億円だが、そのうち国債費が23兆6121億円であるから、実際の予算投入額は73兆1097億円である。となると、預貯金のたった10%といっても、83兆円がどれだけ巨額な資金か、おわかりいただけよう。

その巨額資金が、個人消費や株式投資を通して経済の現場へ投入されるのだ。単純に計算すると、GDPの17%にあたる巨額資金が経済の現場へ流れ込んでいくことになる。

正確には、83兆円を引き出すマイナス分が発生する。とはいえ、その83兆円は貸出し先に困ったり、国債購入にまわしている勘定となっているだけのもの。より前向きに投入してやることで、差し引き大きなプラス効果を生み出せる。

預貯金に眠っているだけの、たとえば83兆円という現ナマが経済の現場に流れ込む効果は、すさまじいものがある。世界最大のムダな資金を生かし、日本経済はあっという間に元気いっぱいとなるのが、もう眼に見えるだろう。

世界最大のムダ?

ボケっと寝かせている預貯金からは、年0・01%前後の収入しか得られないのだ。839兆円で年に839億円(税込み)の富(利子収入)しか生み出さないんだよ。わかる、どれだけつまらないか?

通常の金利水準3~4%だと、839兆円の預貯金からは年に25兆~33兆円の利子収入を生んでくれる(いずれも税込み)。

たっぷりと利子収入を得た家計が、その半分を消費にまわしたとしても、それだけで日本経済を2・6~3・5%も押し上げることになる。アベノミクスよりずっとすごい経済成長を生み出せるのだ。

預貯金口座にお金の寝かせっぱなしは、壮大なるムダだと思わない?

預貯金の目減りはもう時間の問題

それだけで終わらない。国や日銀黒田総裁が、なにがなんでも2%インフレを達成させようとしている。〝未曽有〟とか〝異次元〟の金融緩和とか、すごい政策を連発してるじゃない。そして今年の1月からは、いよいよ「マイナス金利」だ。

どこかで2％インフレとやらが現実になってくるや、預貯金はそれだけ目減りすることになる。年0・01％前後の受取り利子に対して200倍の物価上昇だよ。

2％のインフレということは、預貯金に置いてある財産は毎年2％ずつ目減りしていき、10年では20％の減価となる。

つまり、いま1万円で買える同じものが、1万2000円も出さないと買えないということになる。

その間、預貯金に置いておいた1万円は、わずかに1円増えるだけなので、元利合計しても1万1円に留まっている。差し引きで、1999円の財産目減りだ。

わかる、ここのところ？　839兆円の預貯金が20％の減価ということは、671兆円に価値が下がるということである。

日本の家計は預貯金を抱えているので、とんでもなく巨額の資産目減りをこうむることになる。繰り返すが、年0・01％前後の利子では、なんの足しにもならないのだ。

国を挙げて「とにかくデフレ脱却を」としているから、いずれは2％前後のインフレ、つまり物価上昇は定着するのだろう。そうなったら、預貯金に置いてある財産はみるみる目減りしていくのは避けられない。

2％のインフレになれば、預貯金の金利も上がる？　経験則でいうと、預貯金の利子はインフレに1年から1年半ほど遅れて上昇に転じる。そして、その上昇幅はインフレ率よりずっと低い水準に終始する。つまり、預貯金資産の減価は、いずれにせよ避けられないということだ。

そろそろ、「預貯金で安全確実に」という古びた財産観から脱却したほうがいい。わざわざ財産を減らすこともあるまい。

国債もそのうち暴落しよう

日本では国のやることへの盲従から、預貯金神話と並んで国債神話というものが、はびこっている。

国や政策への〝盲従〟と書いたが、個人や家計にとっては預貯金が、銀行など金融機関にとっては国債が、それぞれのおハコとなっている。なにも考えず、もうそうするのが当たり前のように預貯金や国債に頼り切っている。

銀行など金融機関は、日本の国債はなにがあっても大丈夫と信じて疑わない。国に1000兆円を超す借金があるうえに、毎年の予算では30数兆円から40数兆円超も国債発行に頼っている。つまり、国の借金は増え続けているというのにだ。

国債って、国の〝借金証文〟だよ。すでに、GDPの2・3倍もの借金を抱えている国が発行する新規の借金証文を、彼らは平気で買っているのだ。

彼らの論拠は、日本の家計資産（個人金融資産）は1741兆円もあって、それが国債発行を岩盤のように支えている。また、日本は海外の借金過多国のように多額の対外債務を抱えてはいない。国内で国債を消化できているから心配ないという。

現場で国債を運用している担当者は、そう信じ込むのもよかろう。現に、国債相場は堅調で崩れる気配もないのだから。

しかし、大局観に立ってみれば、国債はいつ値崩れしてもおかしくはない。銀行など金融機関の経営者といった責任ある立場におれば、その警戒は怠れまい。

第1に、国や日銀の2％インフレ目標が現実になってくるや、10年物長期債利回りが現在のマイナス0・12％前後（2016年4月22日現在）で留っているはずがない。必ずや流通利回りは2%台へ上昇するし、その分は国債価格も下落する。

第2に、それでも日銀が国債を買い支えるだろうというが、それは日銀券の増発を意味する。すでに日銀は350兆円近く国債を購入しており、そこからさらに買うというわけだ。

すごい勢いで日銀が国債購入を続けているということは、同じスピードで日銀券の増発が続いていることを意味する。紙幣の大幅増刷りは通貨の価値を下げ、物価上昇すなわち〝悪いインフレ〟を招く。これは経済の常識である。

日銀が描いている2%インフレを超えて、さらにインフレの火が燃え上がってきたら、長期債利回りはたちまち4%台、5%台へと跳ね上がっていこう。それは、すなわち国債の暴落を意味する。

第3に、日本経済のデフレ脱却が見えてくるにつれ、長期債利回りがマイナス0・12%前後というのはあまりに低すぎる。それでは採算に合わないといって、銀行をはじめ金融機関は、より高利回りの投資対象を求めて乗り替えをはじめる。

いま保有している低利回り国債を売って、より高利回りのものに買い替えようとする動きが出るや、国債相場全体が急落することになる。

以上のいずれかの理由で、そのうちどこかで国債は大きく値下がりすることになる。

バブルという苦い教訓を生かせるか

その時、真っ先に売ってくるのは現場の運用者たちだろう。そう、日本の銀行や金融機関など「国債は大丈夫、絶対に売らない」と広言している連中が、真っ先に売ってくるのだ。

１９８０年代後半のバブルを思い起こしてみよう。といっても若い人たちは、まだ小学生ぐらいだったかもしれないね。

当時、企業や銀行は、土地などの不動産や株式の投機に踊り狂っていた。あの頃、彼らが豪語していたのは、「われわれが売らない限り、日本株は絶対に値下がりしない」ということだった。

当時、企業と企業、あるいは企業と銀行との間で、株式の持ち合いが岩盤のように日本の株価を下支えしていた。なにしろ、企業や銀行の株式持ち合いに生保の株式政策保有を加えると、それらは東証一部上場企業の全発行株数の54％を占めていたのだ

（1988年3月末、大和総研調べ）。

そこへ、さらに機関投資家の日本株投資を加えると、なんと日本株の72％が法人保有となっていた。それでもって、彼らは「われわれが売らない限り」と豪語したというわけ。

ところが、1990年のはじめから突如バブルが崩れはじめるや、真っ先に売りを出したのが、彼ら法人筋であった。日本株の72％を保有していた法人株主が、われ先の売り逃げに走ったからタマラナイ。

日本株市場は、あっという間に60％強の大暴落となっていった。そして、その後20年あまりも日本株は低位低迷した。彼らが次から次へと保有株の売りを出し続けたからだ。

いま、日本の国債市場も、よく似た状況下にある。銀行など金融機関は国債を「値下がりなどあり得ない」と信じて買っている、その根拠は、やはり「われわれが売らない限り」だ。

ここから先の展開？　どう判断するかは読者にまかせよう。

それでも、まだ国に頼るの？

ここまで読んでくれれば、国がやっているから大丈夫だろうと信じ込んできたことの多くが、足元から崩れかかっているのは理解できただろう。

年金制度にしても、医療保険にしても岩盤のような安心感は持てそうにない。デフレ脱却と2％インフレが現実となってきたら、預貯金の目減りは急速に進む。

大量に発行してきた国債の値崩れも必至。さもなくば、とんでもないインフレが襲来して、生活基盤がガタガタになる事態も十分に想定し得る。

このまま国を頼っていると、ユデガエルになりかねない。「まだ大丈夫と思っている間に、ユデ上がってしまった……」では遅い。

だから、自助自立の道をどんどん進んでいこうということになる。国を頼りにしないとなれば、自分を頼るしかないのだから。

その自助自立の道は、第1章で書いた「お金の余裕をつくり出し」「それを長期保有型投信でどんどん殖やしていく」のが第一歩となる。

まずはともかく、命の次に大事なお金が「ゆっくりでも、しっかりと殖えていく」路線に乗せておこう。足場を固めたら、思い切った勝負ができるのだから。

次なるは、読者のみなさん自身が「カッコよく、お金をつかい」「カッコいい人生を歩んでいく」方向で、イメージを固めていく作業に入ろう。

繰り返すが、国や会社に頼りっ放しから脱皮し、自助自立の生き方に人生をシフトするのだ。

どのようにやっていくのか、いろいろ先行モデルがあると参考になろう。

そろそろ、「カッコいい世界」に入っていこう。

第6章

長期投資の先に広がるカッコいい世界

ファイナンシャル・インデペンデンスって知っている？

ここまで読み進んでくれれば読者のみなさんも、うすうすイメージできると思う。なにをかって？

意識して、お金の余裕をつくっていく。そして、それを本格派の長期保有型の投信で、毎月きちんと積立て投資していく。そうすると、すごいことになりそう。そんなイメージだ。

そうなのだよ。ゆったりと長期投資を続けていくと、結構お金が殖えてくれる。それも、時間がたてばたつほどに、お金の殖え方のスピードが加速する。

さわかみファンドの設定来成績でいくと、年率4・2％だから17年で2倍になる。そして34年で4倍といった具合に、どんどん殖え方が加速する。

ユニオンファンドの年率9・55％だと、7・5年で2倍、15年で4倍、22年ほどで8倍となり、さらにすごいスピードでお金は殖えていく。複利の雪ダルマ効果が、あなたの財産づくりをどんどん加速させてくれるのだ。

こう書くと、「捕らぬタヌキの皮算用」と思うかもね。そこは45年の経験と実績を信じてもらおうか。筆者はプライベートバンキングで、このような財産づくりをずっと手伝ってきたのだから。

そこで、読者のみなさんそれぞれに問うてみることにしよう。

「あなたは、どのくらい金融資産があれば安心できるか」と。

「このくらいあれば安心できる」という金額の水準は、人それぞれの生活スタイルや家族構成によって違ってくる。東京などの大都会に住むのと、地方での生活とでは、必要額は全然違う。

「3000万円くらいあれば安心」という人もいれば、「5000万円、いや7000万円は欲しい」という人もいる。あるいは1億円かも。

どの水準かは、人によって違っていい。人それぞれが安心できるという金額ラインを超えると、「ファイナンシャル・インデペンデンスを達成した」となる。

ファイナンシャル・インデペンデンスとは、「このくらい金融資産があれば、もうお金の不安とかは感じない」という状態に到達したことをいう。「お金、お金」から自由になった段階だ。

もっとも、人によっては「お金はいくらあってもいい。10億円でも20億円でも欲しい」と思うかもしれない。

しかし、それは単に「お金が欲しい、お金をつかいまくりたい」という願望である。そういう人は「お金はいくらあっても足りない」と言うに決まっている。

そうではなくて、「これくらいあれば、お金のことにとらわれず堂々と生きていける」という水準を超えると、ファイナンシャル・インデペンデンスの達成となるのだ。あくまでも、まじめに働き、まじめに生活していくのをベースとしたうえでの話だ。

そういったファイナンシャル・インデペンデンスに到達すると、その先の人生が信じられないほど軽やかで、おもしろくなる。

「お金が殖えすぎて困る」という嬉しい悩み

これは、図を見ながら説明したほうが早いだろう。図表9にある、ファイナンシャル・インデペンデンスのラインだが、これは人によって5000万円なのか7000

【図表9】まずは、ファイナンシャル・インデペンデンスを

■ このぐらい資産があれば、もうお金にとらわれない
お金から自由になれる状態まで行ってしまおう
■ 長期投資で複利の雪ダルマ効果を最大に発揮させよう

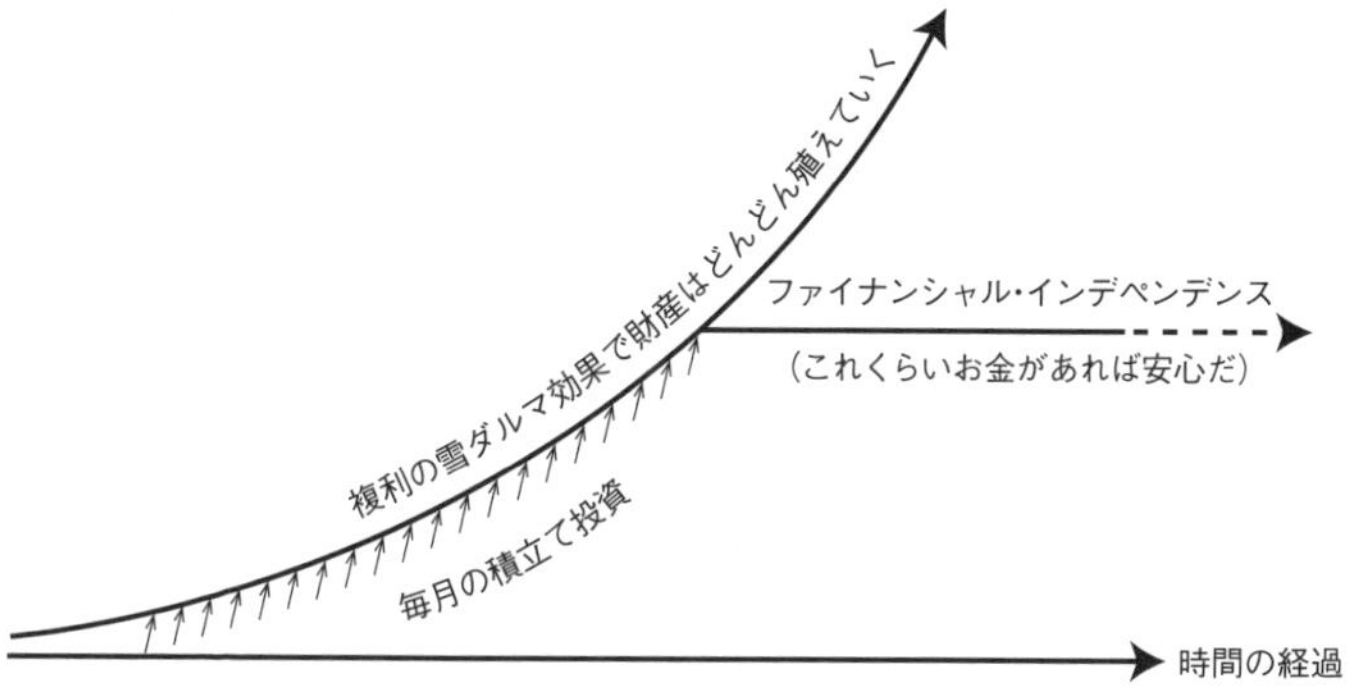

万円なのかは違っていい。

このラインを維持して生涯を送れたら、お金の不安からは解放される。もう、お金のことを意識しない。そう、人生が軽やかになるのだ。

保険はすべて解約して構わない。なぜならば、保険に期待する保障の部分は、もう出来上がっているのだから。毎月の保険料の支払いは、もちろんゼロとなる。

年金不安もなくなる。自分の資産で十分に老後生活が送れるのだから、「国の年金はどうなってしまうのだろう」なんて不安は、消滅してしまう。

これまで積立ててきた公的年金は、「もらえたら儲け」ぐらいの位置づけにしていい。

そう考えるようになると気が楽になるよ。

問題は、ファイナンシャル・インデペンデンスを達成した後だ。これは問題というよりも、むしろ嬉しい悩みとなってくる。

嬉しい悩み？

一度、ファイナンシャル・インデペンデンスに到達すると、「そこから先、お金の殖え方がどんどん加速してくれる」のだ。

これまでは、「5000万円あれば、ありがたい」と思っていた。ところが、このままいくと財産が7000万円、そして1億円へと殖え続けそう。1億円を目標にしていた人だったら、2億円、3億円へと殖えていくイメージが湧いてくる。

もちろん、お金はいくらあっても文句はない。ただ、余分にお金を抱えて人が変わったようになるのは、本末転倒もいいところ。ちっともカッコよくない。

あるいは、「お金が殖えた、殖えた」で銭勘定して喜んでいるうちに、いつかどこかでお亡くなりになる。即座に税務署がやってきて、相続税とかでガバっと持っていかれてしまう。

せっかく積み上げた自分の資産が、国のハコ物行政に算入されて、コンクリートに

【図表10】ファイナンシャル・インデペンデンスに到達した後、積立て投資をストップしても資産は殖え続ける

■ ファイナンシャル・インデペンデンスに到達すると、積み上がった資産の長期運用だけでも全体資産はどんどん殖えていく

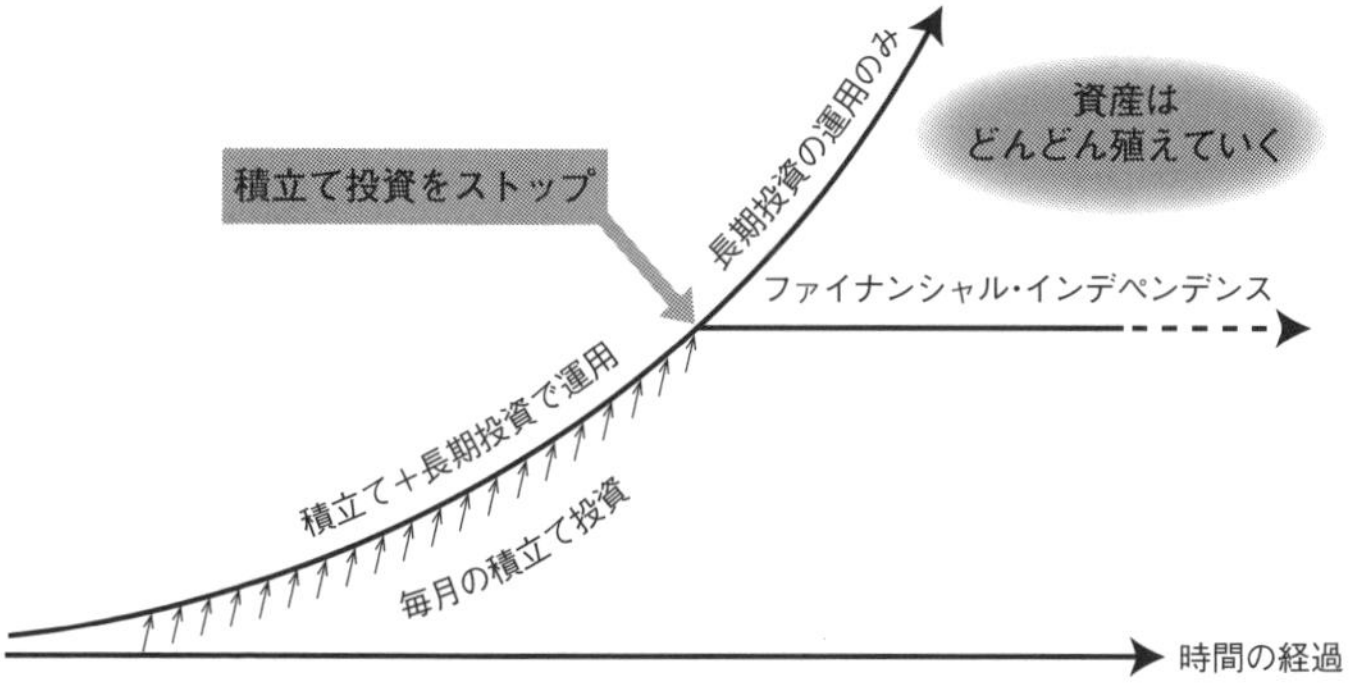

なっていくのだ。その様子を墓場の下から見るのは、ウンザリもいいところ。だったら、ファイナンシャル・インデペンデンスに到達した先では、お金をジャンジャンつかっていってもいいのでは。

本格派の長期保有型の投信を保有していると、積立てを終えた後も図表10のイメージで資産は殖え続ける。しっかりと長期の投資運用をしてくれるからだ。

となると、あなたのファイナンシャル・インデペンデンスラインを下まわらない程度に、毎年あるいは3ヶ月に一度ずつ、お金を引き出せるはず。

殖えていく部分をジャンジャンつかっても、あなたのファイナンシャル・イン

【図表11】積み上がった資産、どんどんつかっていっても平気

■ ファイナンシャル・インデペンデンスのラインを維持できる範囲で、お金を引き出してつかっていく
■ 長期運用しているから安心してつかえる

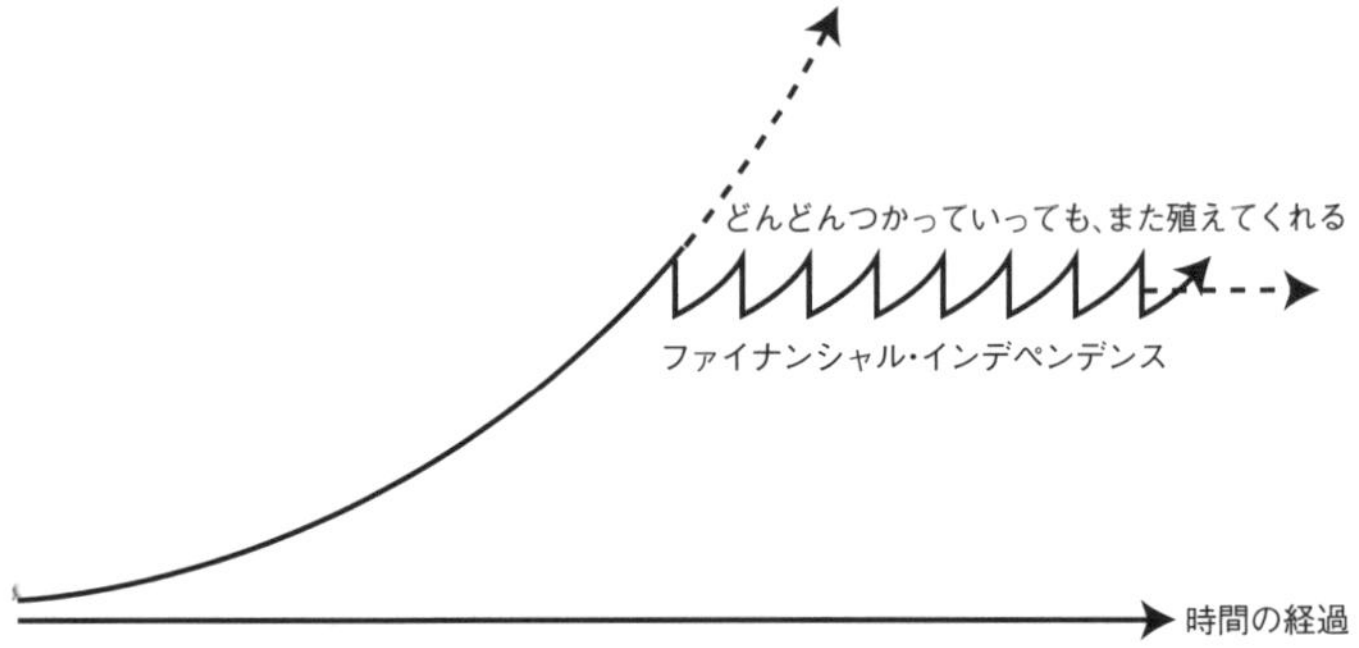

デペンデンスはビクともしない。それが図表11である。

自分のお金だ、自分の好きにつかおう。

さあ、どうするか？

「カッコよくお金をつかう」ステージへ

一般的にファイナンシャル・インデペンデンスに到達すると、しばらくは自分のぜいたくにお金をつかう人が多い。「ここまで頑張ってきたんだから、自分にごほうびをあげたい」といって。

結構なことではないか。美味しい食事、クルージング船での豪華旅行や世界の美術館めぐりと、あれこれお金をつかってみた

くなるもの。

しかし、ぜいたくはしばらくすると飽きてくる。

なかには、いくらでもぜいたくをしたい。キンキンギラギラで身を飾りたいという人もいよう。それはそれでよしとしよう。

そういったお金のつかい方は、いってみれば自分だけのためのもの。自分へのぜいたくだ。

それに飽きてくると、不思議なもので「もっと心が安らいで楽しいことや、世の中のためにつかえたらいいな」という気持ちが少しずつ出てくる。

「自分のお金だ、なににつかっても自由だ」――そう言っている間に、人はいつしか「自分のための物質的、外面的な満足」を超えて、「内面的な喜び」を求めだす。

内面的な喜びを求めはじめると、これまた深いものがある。文化・教育・芸術・スポーツ・技術・寄付・NPO・ボランティアと、「なにか、お手伝いしたい先」がどんどん広がっていく。

ファイナンシャル・インデペンデンスは達成した。お金の不安からは解放された。そして、自分のお金はどんどん殖えていってくれる。頑張ってつかっていかないと、殖えすぎて困るぞ。

もうお金にとらわれることもないから、気持ちは楽だ。とはいえ、殖え続けるお金は、なにかよいことにつかっていきたい。

そう考え、世の中を見わたすと、お手伝いさせてもらいたいことが、次々と浮かび上がってくるではないか。だからといって、お金をバラ撒く気にもなれない。

大事に、やさしく、「お金をまわさせてもらおう」となる。ていねいに、ていねいに、お金をつかっていく。なぜ、そんな気持ちになるのか？

長期投資は、一連のつながりである

思い出してみよう。第1章で書いたように、お金の余裕をつくり出そうと、優雅なる節約をはじめた。あるいはお給料から無理矢理の天引きをした。

その気がなければ、これまで通り普通の生活を送れたはず。そこを一念発起して、お金の余裕をつくり出す人生に切り替えた。

よりよい人生へ向けて、自分の意思と意欲で行動を開始したわけだ。いってみれば、

「思いと覚悟でいっぱい」の大切なお金だ。

次に、優雅なる節約や無理矢理の天引きで生み出されてきたお金の余裕を、長期保有型投信の積立て投資にまわした。

そこでの長期投資は、「人間性のカケラもない無機質なマネー転がし」とは対極にある世界。「マネー、マネー」でお金を分取りっこする世界とは大違い。ひたすら、「よりよい世の中をつくっていこう」という方向で、お金に働いてもらう。

それはそのまま、経済の健全なる拡大発展につながっていく。経済が拡大し人々が豊かになってくるや、まわさせてもらったお金は、「ありがとう」といって殖えて戻ってくる。それが長期投資の「リターン」である。

さらに、みなに喜ばれて殖えて戻ってきたお金を、長期投資でさらにまた経済の現場に投入して働いてもらう。そんな具合に再投資を重ねているうちに、複利の雪ダルマ効果が出てくる。あなたの財産づくりはどんどん加速しだす。

気がついたら、ファイナンシャル・インデペンデンスに到達した。もうお金にとらわれず自由に生きていける。そして殖えすぎるお金を、世の中にまわす段階に入ってきた。

この一連の流れを経て、いまや「余ってきたお金を、世の中にカッコよくまわす」ステージに入ってきたのだ。

大事に育ててきた自分のお金だ。世の中にもう一度まわさせてもらうとしても、「大事に、ていねいに」という気持ちになるのが人情である。

これが、長期投資を背景とした「やさしいお金の流れ」である。そういった流れに参加する人々が増えれば増えるほど、経済は健全に発展していくし、世の中や社会は心やさしく潤いのあるものになっていく。

さすがにここまでくれば、読者のみなさんも、もう「青くさい」とは言わないよね。

「カッコいい大人」になっていこう

ゆったりじっくりと長期投資を進めていけば、どこかでファイナンシャル・インデペンデンスが見えてくる。

そこから先は、もうお金にとらわれることなく堂々と生きていける。それが経済的自立である。

もちろん、経済的自立の水準は人によって違う。3000万円でも5000万円でも1億円でも、その人によって余裕を持てる水準は違っていい。

ともあれ、もうお金にとらわれなくて済むと思えるようになると、心も頭もスーッと楽になる。なにがあっても、慌てることはない。

たとえば、会社から突然、退職を迫られても、泰然自若としていられる。よくあるサラリーマンの悲哀とかに陥らなくて済む。なにしろ、お金の余裕があるから、それでもって十分に生活していける。気が楽である。

自由業であれば、お金のためにということで嫌な仕事も受けざるを得ないということもなくなる。経済的自立を達成しているから、本当に自分がやりたいことだけを選んで仕事できる。つまり、いい作品づくりに専念できる。

お金が経済の現場で、しっかり働いてくれる。それも再現性の高い方向で。そして、ファイナンシャル・インデペンデンスに到達した。この一連の流れが長期投資の強みであって、いざとなった時、これほど頼りになるものはない。

いまや経済的自立を果し、「堂々と、しかも心やさしく」生きていける。これぞ、まさしく「カッコいい大人」だろう。

再び、さわかみファンドのことを出して恐縮だが、うちのお客様の間でファイナンシャル・インデペンデンスに到達した方々が、全国あちこちで増えてきている。

そろそろファイナンシャル・インデペンデンスが見えてきた人たちを含め、みなさんの明るいこと。経済的な自立に自信が出てくると、こんなにも余裕が出るのかと感心してしまう。

同時に、みなさん「カッコいいお金のつかい方」についての関心がどんどん高まっている。

カッコよくお金をつかっていこう

そろそろ本書も、メインテーマに入っていこう。よりよい世の中をつくっていこうとする本格的な長期投資の先には、「カッコよくお金をつかっていこう」というステージが大きく広がってくる。

これは、事業で成功して富を成した人たちや不動産など所有する資産家、あるいはなにかの商売で当てた成り金が、お金をつかうのとはかなり違ったものになる。

一番の違いは、「普通に暮らしている市民が、長期投資でもって経済的自立を果たす」。そして、次の段階として「自分のことに、ではなく、世の中のためにお金をつかおうとする」ところにある。

お金をつかうといっても、われわれは長期投資を背景としている。すなわち、はじめから終わりまで、「よりよい社会をつくっていこうという方向性と価値観で一貫している」のだ。

たとえ、大きな富を築いた人や成り金が、札束をちらつかせて多額の社会貢献しようとも、それはそれ。そういったお金とは、心の込め方が違う。

われわれの「カッコよくお金をつかう」は、金額的にはそれほど大きくなくても、たっぷりと心が込もっている。したがって、それは受けた人たちにとって大きな喜びとなっていくはずだ。

第7章

お金をまわすことで、よりよい社会を築いていこう

子どものうちから投資や寄付を習慣化させる

アメリカでは子どものうちから、自分で生きていくということを学ばせようとする。そのひとつとして、こんな教育をする家庭が多い。

子どもには家のお手伝いでも、アルバイトでもどんどんやらせる。「働いて、お金を稼ぐ」ことの大切さを覚えさせるためだ。

そして、子どもが100円を手にしたとしよう。その100円は、子どもが誰かの役に立って、その報酬として得られたものである。つまりは、子どものものである。したがって、その100円をどうつかうかは、子どもの勝手である。そう、自由である。お菓子を買ってもいいし、ゲームにつかってもいい。

日本だったら、「100円を全部つかってしまうのではなく、少しは貯金しておこうね」という親が多い。

ところが、アメリカの親は「100円のうち、70円はあなたの好きにつかってもいいよ」という。「ただ、残りの30円のうち、20円は投資に、5円は貯金に、そして寄付にも5円ぐらいはまわそうね」と教え込む。

貯金にまわす5円は、日本と同じ感覚である。一方、投資に向ける20円は「株を買って金儲けしよう」ということではない。

たとえば株式投資を通して、「お金がどのように経済の現場へまわって、どんな働きをするか」を実体験させるためだ。まさに生きた経済の勉強となる。

アルバイトで得たお金が消費だけではなく、投資という形でも経済の現場へとまわっていき、それで多くの人が豊かで幸せになる。その結果として、お金が殖えて戻ってくる。

それが投資ということである。そういったお金のまわし方、つまり投資の本質を自分が働いて稼いだお金でもって学ばせるのだ。

もうひとつ大事なのは寄付で、自分のお金の一部を世の中へまわさせてもらうことの意味と意義を、小さいうちから叩き込む。寄付という行為を、生活の一部としてしまう感覚を身につけさせるのだ。

よく寄付は、余裕のある人がするものといわれる。ところがアメリカでは、お金に余裕があるとかないとかをいう前に、寄付することを生活の一部として、はじめから組み込ませてしまう。

小さいうちから子どもに、投資や寄付を習慣化させるのは、健全な経済や社会を築き上げるのに、どれだけ大きな役割を果すことか。自助自立の国アメリカの強さが、ここにあるといえよう。

もっとも、そういったアメリカ社会の根幹を成すともいえる精神が、アメリカ国民のすべてに共有されているわけではない。富と名声を求めることしか頭にない人間も、ゴロゴロいる。

それでも、子どものうちから投資や寄付の意識を高めさせるアメリカの社会構造には、見習うところ大である。

アメリカンドリームのはき違え

よくアメリカでは成功した人を、「アメリカンドリームを体現した」といって、拍手をもって誉め讃える。日本のように、ねたみや中傷、やっかみの矢が飛んでくることはない。

成功者をやっかんだりするのは、人間として恥ずかしいこと。アメリカでは「悔しかったら、自分も頑張って成功しろよ」と放り出されるだけだ。

そのアメリカンドリームだが、「人生の成功を収めた者として、社会にそれなりのお返しをするのは当然のこと」といった受け取られ方が一般的である。

社会に十分なるお返しをするからこそ、アメリカではアメリカンドリームの体現者をみなで誉め讃えるともいえる。

だが、そういった古きよき伝統が、一部で変質してきているのも否めない現実である。どう変化してきているのか。

富を得、名声を博するためには、すさまじい努力を重ねる。しかし、「稼いだお金は、すべて自分がぜいたくするためのもの。社会へのお返しなどまったく念頭にない」といった連中が増えているのだ。

あるいは、マスコミなどに踊らされるまま、成功者としてちやほやされる道を際限なく追い求める人も多い。社会へのお返しとかを考える間もなく、ただの成金セレブとして人生を終えていく。

そのような風潮が強まってくるとともに、「アメリカンドリーム、すなわち富と名声を獲得すること。そして、テレビなどメディアでもてはやされること」といった、自己中心的な考え方がより一般的となっている。実に嘆かわしい現象である。

ただ富めるだけではなく、「富を持つにふさわしい立派な人であるべし」というのが、アメリカンドリームのそもそもだったはず。

とはいうものの、アメリカには古きよきアメリカンドリームの伝統を継承している人も依然多い。

アメリカの首都ワシントンへ行くと、数えきれないほど多くの成功者が競うように私財を提供していることに驚かされる。

よほど大きく稼いだと見え、半端でない資金を公共財に寄贈しているのだ。それが、スミソニアン博物館など巨大な構造物やその展示品となって、これでもか、これでもかと並んでいる様は壮観である。

おもしろいのは、アメリカンドリーマーたちの名前は表玄関の小さなプレートに刻まれているだけ。それも、複数の氏名が並んでいるうちのひとつとして。

まさに、「たっぷり稼いで、たっぷり世の中や人々のためにつかえ」を実践しているといえよう。

ちょっと待てよ。そういったアメリカンドリーマーたちは、一体どんな稼ぎ方をしてきたのだろう？　果して、どのように「立派に富を殖やし、立派に社会還元している」のだろうか？

えげつない稼ぎ方をしても、富は富？

富を築いて、それを惜し気もなく社会に還元する。そういったアメリカンドリーマーたちの名前は、小さなプレート上ではあるが、永遠に残される。立派に社会貢献した人間として。

本人は至極ご満悦だろう。富と名声を得て、その名を残す。一個人として、これだけ痛快な生き様は、そうそうない。

とはいえ、「富を得るにあたっては、何をやっても構わない」ということなどないはず。日本でよく言われるじゃない？　真っ当なお金かどうか、と。

しかるに、アメリカでは「勝てば官軍である。どんなことをしてでも巨富を築いた者が勝ち」と見なされる伝統がある。

これは、国土も広く多民族が入り混じったアメリカならではの現象かもしれない。どこへ行こうと、どれだけ民族・習慣が違おうと、いつでもどこでも通用するのは〝マネー〟である。広いアメリカでは、マネーこそが唯一の共通言語といえよう。

それもあってか、アメリカでは富を手にした人間に対する社会の受け止め方は、日本では考えられないほど大らかである。「富を得たものがすべてであり、勝てば官軍」の一言。

そうはいうものの、本当に「お金がすべて」でよいのだろうか？

お金を得た者が正義であり、どうやって富を築き上げたかは、まったく問われないのだろうか？

もちろん、そのあたりのところを、日本人と同じように意識するアメリカ人もいる。「資産を殖やすにあたり、お天道様に恥ずかしくないか、自分に問うてみろ」といった価値観をもって。

ただ、やはりアメリカで一般的なのは、「どんなにえげつなく稼ごうと、いいじゃないか。稼いだお金を世の中や社会のために還元するのだから立派だろう」とする考え方である。

アメリカ社会全般でも、富を成した人間がより多く社会へ還元してくれるほうを歓迎する。その背景はどこにあるのだろうか？

激烈な競争社会だからこそ

ひとつ考えられるのは、アメリカそのものが「自由なる競争をベースとして成り立っている社会」であるということだろう。そこでは、「フェアな精神で競争に参加する」ことが絶対条件である。

そして、競争に参加している以上は「どのような結果となろうと、それは自分のものとして受け入れる」ことが求められる。

アメリカ人がすぐ口にするのは、「フェアかどうか」である。「陰でこそこそ」といったものには、すさまじい拒否反応を示す。

さもありなんと我が意を得たのは、日本の「2ちゃんねる」に代表されるネット書き込みが、アメリカでは誰にも相手にされないことだ。

あることないこと織り混ぜて、人をゴシップ話で陥れるなどということは、人間として〝下の下〟である。それを読んで楽しむ人間も、これまた「フェアではない」とむしろ社会的にバッシングされる。


アメリカでは結果責任も徹底している。自分の人生をどう生きるかは、それぞれの自由である。だが、それがどのような結果をもたらそうと誰の責任でもない。自分が負うべきものと突き放されるし、泣き事などまったく通用しない。

グランドキャニオンへ行ってみるとおもしろい。はるか2000メートルも下方にコロラド川を見下ろす断崖絶壁に柵などない。「足元に注意」などという看板もない。「断崖を見下ろしに端まで行くのは自由だが、自分で責任を持ちなさいよ」ということだ。

そういった徹底した結果責任の裏返しとして、アメリカ社会では訴訟が多くなるのだろう。自分の生き様が招いた結果の責任は、どうにもならない。

しかし、生活していくうえでこうむった思わぬ結果を引き起こした不都合には、断じて法の裁きを求めるというわけだ。

さて、話を戻して、アメリカは富を成した人間による社会還元を歓迎する社会ということについてだが、それは激烈な競争社会であるが故のものなのだろう。激烈な競争を経てアメリカンドリームを実現する人間は、アメリカ人の間でもほんの一部である。

ということは、大多数のアメリカ人は「そこそこの成功者」から、「競争についていけず敗残者となった大衆」まで、幅広く分布することになる。むしろ、社会の下層で生活している人が大多数である。

アメリカ社会の下層に陥った人々の生活を支えるのに、国の施策だけではどうしても不足する。それを補うのが、成功者、すなわち富者による社会還元である。

だからアメリカでは、富める者の社会還元を歓迎することになる。たとえ、その富がどんな過程を経て築かれたとしてもだ。

アメリカの寄付文化

富者による社会還元以上にアメリカ社会を岩盤のように支えているのが、寄付の文化である。

よくアメリカは寄付大国で、寄付の文化が確立しているといわれる。世界でも群を抜く巨額の寄付総額のうち、税控除対象となるのはたった15%と聞く。残りの85%は、一般市民が教会を通してとか、NPOとかへの小口寄付が集まったもののようだ。

アメリカンドリーマーに代表される富者たちが天文学的な金額の寄付を競い合う横で、それよりはるかに多額の寄付が一般市民から届けられる。まさに寄付大国の面目躍如である。

すごいのは、たとえばNPOへの寄付が、アメリカの雇用の7～9%を生み出しているといわれることだ。

アメリカのNPO活動は幅広く、そこで活躍するスタッフ陣も膨大な数に上る。それだけでも大きな雇用先である。そのうえ、裾野の広いNPO活動が、アメリカのあちこちで産業を創出、すなわち雇用創出に寄与しているのだ。

NPO経由のみならず、アメリカ社会に深く浸透していっている寄付の文化が、どれほど大きな役割を果しているかは、もう想像をたくましくするしかない。なぜなら寄付の大半が、一般市民による小口資金からのものなのだから。

おそらく統計にも表れない寄付が、膨大な金額となっているのだろう。それらがアメリカ社会を強く下支えしていると考えていい。

これは筆者の勝手なる解釈だが、アメリカ社会の下層に住む人々の生活にも、アメリカの寄付文化は多大な貢献をしているはず。

よくマスコミ報道で、「アメリカは格差社会がどんどん深刻化している。社会的な弱者とか下層住民とかを大量に生み出していて、まさにアメリカ経済が没落し衰退の道を歩んでいる象徴である」などといわれる。

そういった報道は、ずっと以前から嫌というほど流されてきた。それでも、アメリカ社会や経済はなんとかまわっているではないか。世界一の経済大国として堂々と。

どういうカラクリなんだろう？

社会的弱者や下層市民の生活に、いろいろな雇用や生活手段が提供されているのだ。そこに、寄付の文化が多大なる貢献をしていると考えていいのではなかろうか？

ひるがえって日本はどうか？

日本はアメリカほど激烈な競争社会ではないが、それでも社会的弱者といわれる人々は著増している。シングルマザー家庭などの貧困問題も深刻化している。

それに対し、国は生活保護などいろいろな手を打ってはいる。その一方で、1000兆円を超す借金を抱えて、国そのものがアップアップの状況にある。

日々の生活に苦しむ人々が増えている現実に対し、同じ日本人として「なにかお手伝いできないか」という社会的な動きが高まってきて、しかるべきであろう。

そこで大きな役割を果すのが、アメリカではないが日本にも寄付の文化を醸成していくことだ。

もちろん、日本にも寄付という文化はずいぶんと根づいてきている。でも、まだまだ足りない。一般的な寄付額を何十倍、何百倍にしていけたら、日本社会をもっともっと健全で活力あるものにしていける。

先に書いたように、個人や家計の金融資産は1700兆円を超すが、そのうち預貯金に眠らせている資金が839兆円もある。そのたった1％でも寄付にまわってくれるだけで、8兆3900億円もの巨額資金を捻出することができる。

どうせ預貯金に寝かせておいても、年0・01％前後の利子ではスズメの涙にもならない。個人や家計にとって、なんのプラスにもならない。

ところが、その8兆3900億円が社会の底辺にいる方々の生活を支えることで、日本経済を1・7％成長させられるのだ。

意味がわからない？

個人の預貯金から1％の8兆3900億円が寄付にまわるとしよう。その寄付が生活に苦しんでいる方々にまわっていけば、8兆3900億円の大半が幅広く消費に向けられるはず。

生活に苦しんでいる人々の間で新たに8兆円強の消費が生まれると、それは日本のGDP490兆円を1・7％ほど押し上げることになる。

社会的弱者といわれている方々の生活が楽になり、同時に日本経済をプラス成長させられるのだ。すごいことだと思わないか。

これが寄付の文化を高めることの、すばらしい点である。


そういう澤上さんはどうなの？

寄付の財団を創設してしまった

寄付の文化を高めることは、日本のような成熟社会にとっては大いに意義がある。意義あるどころか、社会的にも急務である。

だったら、日本に寄付の文化を高めるべく、やれることはどんどん進めるべきであろう。それが、「カッコいい生き方」というものだ。

そこで、私事で恐縮だが、２０１５年の1月に一般財団法人「お金をまわそう基金」を設立した。現在、公益財団法人の認定を内閣府へ申請中である。

社会のあちこちで地道に社会的活動をしている団体に、どんどんお金をまわすべく、広く個人や企業から寄付金を集める。その時、公益財団法人の認定を受けていれば、寄付した全額が税控除となる。

つまり、「お金をまわそう基金」を通して社会のいろいろな分野に寄付いただく個人や企業は、寄付額を税控除できるのだ。

ということは、「どうせ税金で持っていかれるのなら、社会のお役に立てたほうがマシだ」と、寄付がしやすくなる。それだけ寄付金が多く集まることにもなる。

世の中に寄付活動を展開している団体は山ほどある。ただ、寄付したお金、たとえば5万円を寄付しても、そのうちどのくらいが本当に寄付先へ届けられるのか、さっぱりわからない。

実際、寄付を扱う団体の運営経費などは相当にかかる。それらが差し引かれるのは仕方ないとされている。なかには、「こんなにもダイレクトメールでお金をつかっていいの?」といった寄付団体も多々ある。

だが、われわれの「お金をまわそう基金」では、まったく新しい仕組みでいこうとしている。5万円の寄付の全額が、寄付先に届けられるのだ。

運営などでかかる費用は全額、「さわかみ財団」が出すことにした。さわかみ財団にとっても、「お金をまわそう基金」への運営資金拠出は社会事業となる。

寄付額が100%寄付先にまわるとなれば、寄付していただく方々もスッキリするだろう。もちろん、公益財団法人として寄付先の選定から実行、そして経理処理まで、すべて公正透明にしていく。

おそらく、2016年の半ばぐらいには公益認定を取得できようから、取得後すぐ「お金をまわそう基金」は本格稼働に入る。

その社会的意義への認識が高まれば高まるほど、「お金をまわそう基金」には全国各地から寄付がどんどん集まることになる。

それはそのまま、日本社会の隅々で地道に頑張っている組織や団体を通して、多くの人々のお役に立てられる。同時に、日本経済の活性化にも貢献できる。

いいことずくめだから、「お金をまわそう基金」をどんどん大きくしていきたいと、ますます気合が入ってくる。

「お金をまわそう基金」が、お手伝いさせてもらいたい寄付先はもう山ほどある。そのいくつかを以下で紹介しよう。

虐待児童や親のいない子たちを家庭で育てよう

北九州に「土井ホーム」というのがある。土井さん夫婦と妹さん3人で、もう30年以上にわたって土井ホームを経営しておられる。

暴力親などからの虐待児童や親のいない子たちを引き取って、土井ホームで家族のように温かく育て上げる。きちんと高校まで通わせて、我が子のようにして社会へ送り出す。

その活動を、土井ホームは30年以上にわたって続けてこられた。お話を伺うと、もう涙が出てしまう。

たとえば、暴力親の家に生まれた兄と妹は、いつもコンビニやスーパーで残飯を漁っては3度の食事としている。親は家にいるのか、いないのかよくわからない。

その兄妹が補導されて、土井ホームへ迎えられた。「今日から、ここがあなたたちのお家だよ。わたしたちをお父さんお母さんと思って、安心して生活しようね」と、やさしく言ってあげる。

生まれてこの方、そんなやさしい言葉をかけられたことなどないから、兄妹は警戒して部屋の隅で小さくなっている。

「ご飯の時間だよ」と言っても、オドオドとしたまま。

前からいる先輩の子どもたちが「おいでよ。一緒に食べようよ」と誘ってやって、ようやく食卓につく。少しずつ食べはじめても、小さな兄妹の警戒心はなかなか解けない。

しばらく過ごすうちに、ようやく慣れてくる。生まれてはじめて家庭の愛情に接して面食らったが、それにも抵抗感がなくなっていく。そして、子どもらしい甘えも出せるようになる。

そこからがすごい。日に3度3度、温かい食事をいただくようになると、体がみるみる大きくなっていくという。

コンビニのゴミ箱を漁っていた頃は、慢性的な栄養失調状態で典型的な虚弱体質の児童だった。それがスクスクと育ちはじめる。2、3年もすると年齢並みの立派な体になるという。

さらには、学校も2年とか4年遅れとなるが、きちんと通う。栄養失調もあって知能の発育に問題があった子も、3度の食事と温かい家庭環境に支えられて、勉強がどんどん進む。

むしろ、これまでの反動もあってか、びっくりするほどの知能の伸びを示す子も多いという。

一般の子とは数年遅れながらも、土井ホームで育てられた子たちは高校卒業後、社会人として巣立っていく。体も知能もなんら劣ることのない立派な社会人である。

土井ホームは、本当にすごいことをされている。そのまま放っておいたら、悪の道へ走ったか、社会的弱者となっていったかもしれない。そういった子たちの人生を大きく変えてあげたのだ。

欧米では、「施設から、家庭へ」が常識となっている

虐待児童や親のいない子たちを、児童養護施設ではなく家庭に迎え入れる流れが、先進国はどこも80％を超えているという。

ひるがえって日本では、国が5％を当面の目標としているぐらいに、おそろしく遅

れている。

児童養護施設に収容して、きちんと育て上げる。それと、普通の家庭で家族の一員として迎え入れ、親の愛情をたっぷり受けて育っていく。

どちらのほうが、「より人間的であり、子どもたちにも好ましいか」は、考えるまでもなかろう。

そんな日本だが、「土井ホーム」に続こうとされている夫婦が全国あちこちにいる。しかし、子どもたちを受け入れるには、自宅を改造するのに５００万円から７００万円はかかる。

退職金を投入してでも、恵まれない子どもたちを育てようという意思も覚悟もある。ただ、より多くの子どもたちをと考えれば考えるほど、自宅改造で消えていく５００万円とか７００万円は辛い。

だったら、「お金をまわそう基金」がお手伝いさせてもらおうかとなる。土井さん夫婦と妹さんに続く家庭が30組、50組と増えてくれるだけでも、２００人から３００人の子どもたちを幸せにできる。

もちろん、そんなものでは全然足りない。だから、「お金をまわそう基金」に寄付がどんどん集まってほしい。

寄付金が集まれば集まるほど、多くの子どもたちの人生をよりよくしてあげられる。

これは、もう大人の責任である。

すなわち、「よりよい社会をつくっていく」ことだ。


どう、読者のみなさん？　これも「カッコいいお金のつかい方」だよ。

18歳になったら施設を出なければならない

「タイガーマスク基金」という活動がある。かつて、子どもたちにランドセルを贈った、あのタイガーマスク現象を風化させることなく、むしろ恒常的かつもっと大々的にしたいというＮＰＯ法人である。

いまはまだ組織も小さく資金も限られているので、児童養護施設の子たちの大学進学資金を出してあげる程度。資金があれば、もっともっと活動範囲を広げたい。

なにしろ、施設にいる子たちは18歳になると強制的に施設から出される。そこから

るのだ。「親もいないし、頼る当てもないしの現実」が、18歳の子どもたちに襲いかかってくるのだ。

大学へ進学できれば、寮に入ることで4年間あるいは2年間の住むところは確保できる。その間に、社会へ出ていく準備もできる。

一方、就職する子どもたちは大変である。親がいない、施設出身ということで、就職するにしても結構ハンデがある。

だったら、タイガーマスク基金を大々的に応援しよう。全国からの寄付がいっぱい集まれば、大学進学の支度金も拡充できるし、なによりも就職支援ができる。

就職支援ともなれば、究極的には、彼ら彼女らの職場づくりにも関っていかねばならないだろう。

早い話、全国の児童養護施設には3万人の子たちがいる。どの施設も予算ギリギリで頑張っている。スタッフも不足している。

もしタイガーマスク基金に資金が潤沢に集まれば、施設へのスタッフ派遣だってできる。受け入れるほうは、無償で人員を増やせるからありがたい。

あるいは、地方のＮＰＯ活動も応援できる。こちらも、資金とスタッフ不足に喘《あえ》いでいる。若いスタッフがまじめに働いてくれたら大いに助かる。

みなさんからの寄付が、施設の子たちの人生設計を大いに手伝える。どうせ税金に持っていかれる資金だ。自分でも意義と大切さを感じる方向へまわしたほうが、断然いいと思わないか？

好きなスポーツで一生を過ごせたら

サッカーＪリーガーの平均引退年齢って、みなさん知ってる？　35歳とか40歳ではない。なんと、22、23歳とのこと。

おそろしく若い年齢でもって現役を引退するのだ。その後の人生は、まだ60年前後も残っている。なにで生きていくのか？

まだ若いから就職先を捜してもいい。あるいは、日本サッカー協会の手伝いをしてもいい。ラーメン屋もありだ。

ただ現役引退する選手たちの多くは、この後もなんとかサッカーを続けていけたらと願う。サッカー協会で事務的な仕事もいいが、できればサッカーフィールドで1日中ボールを蹴っていたい。それで、なんとか暮らしていけたら最高である。

サッカーに限らず、そういったアスリートたちは全国にごまんといる。彼ら彼女らが、それぞれ得意なスポーツで現役引退後も、コーチや指導者として生活していけたら、どんなに幸せか。

実際、多くのアスリートたちが全国各地でスポーツ教室などをはじめている。子どもたちにサッカーなどを教えたり、基礎体力の養成を指導して生活費を稼ぐわけだ。

それぞれ自分の努力と工夫で、なんとか生きていく道を模索していく。自助自立の精神を発揮しているわけで、結構なことである。

問題は、自分でなんとかやっていけるアスリートは、ごく少数であるということ。多くが、なかなか思うようにはいかず苦しんでいる。

もっと大きな問題は、そういったアスリートたちの現役引退後の生活苦を見て、多くの親たちが子どもに高校ぐらいで好きなスポーツをやめさせていることだ。

「スポーツでは食べていけない。しっかり大学へ行って、立派な会社に就職したほうがいい」と言って。

もしかしたらすごい才能が、まだ芽が出る前、花が開く前に摘まれてしまうことになりかねない。これは、本人ならず一般のわれわれから見ても、口惜しいことである。せっかくの才能が、もったいない。

ヨーロッパやアメリカでは様子が違う。ドイツなどでは全国各地にスポーツクラブがいっぱいあって、引退後のアスリートたちをどんどん吸収している。

いい光景だなと思うのは、スポーツクラブに併設されたレストランで親たちが、飲んだり食べたり話をしたりで、子どもたちの練習が終わるのを待っていることだ。まあ、親もスポーツが好きなのだろうが、森の中で一杯やりながらノンビリも大好きらしい。

ともあれ、スポーツが人々の生活や社会にしっかりと溶け込んでいる。もう、そうなると、アスリートの就職支援とかの域を越えて、スポーツが文化として社会に根づいてくれる。

そのような流れを、「お金をまわそう基金」はどうお手伝いできるか。やることはいっぱいある。

読者のみなさんも、スポーツ好きでしょう。一緒に、いろいろ手伝っていこう。

伝統技術や歴史文化も大切にしたい

お酒や味噌をつくっていた木樽を、昔は竹のタガで巻いていた。もはや、そういった竹職人は絶えてしまった。ということは、木樽をタガで巻く長年の技術も途絶えたということ。

近代化や工業化が進み、昔からの伝統技術がどんどん消失していっている。なかには、なくなって仕方ないものもあるかもしれないが、多くはなんとか大切に守り育てていきたい。

伝統技術というものは、人々の生活を通じて長年かけて磨き込まれてきたもの。世の中が必要とせず日常生活で使われなければ、あっという間に廃《すた》れてしまう。

どこでどう伝統技術を活用していくか？　なにもかもプラスチックで代用されるのは味気ない。とはいえ、伝統工芸品などは値段が張るし、さあ、どうしたものか？

価格が安いとか効率とかだけを追いかけていくと、伝統技術や文化というものからは、どんどん離れていってしまう。さあ、どうするか？

読者のみなさんも、いろいろアイデアを出しながら、「お金をまわそう基金」を大きく育てていこうではないか。

第8章

世界にも日本にも、こんな「カッコいいお金のつかい方」がある

ポーランドの民主化運動を背後から支えよう

1970年代後半、ポーランドでは民主化を求める機運が高まった。1980年にはは造船工場で働いていたワレサ氏が「連帯」という組織の議長となって、ポーランドの民主化を要望する国民の輪を広げていった。

それを見て、スイスのある有力都市の「金持ち100人衆」は話し合った。同じキリスト教国のポーランドではじまった民主化運動だ。われわれとしても、なにか手伝えることはないだろうか。

さんざん話し合って決めたのが、「われわれ金持ち衆の1人ひとりが、それぞれポーランドの2家族をトコトン応援しようじゃないか」ということ。

歴史的に反ロシア感情の強かったポーランドが、当時のソ連から押しつけられていた全体主義的な価値観を押し除けて、自由を求める闘争を強めていくのを静かに支援しようと決めたのだ。

そこで、「金持ち1人あたり、ポーランドの2家族の生活を支援しよう」ということなったのだ。

どの家族を選ぶかは、それぞれの自由とした。結果としては、ポーランドの大学教授一家を支援しようとするのが一番多かった。

ポーランド人一家の生活が成り立つよう、金銭的な支援を中心として、いろいろな援助をはじめた。

すごいのは、その支援は2年や3年の話ではなかったことだ。ポーランドの民主化が成って、1990年にワレサ氏が大統領に就任した後も含め、なんと20年近く続けられたのだ。

その間、支援を受けた家族たちは、激動の時代を生活難に陥ることなく生き抜けた。その子弟たちが、いまやポーランドの新しい指導者として登場しつつある。

わかる？

発端は人道的な支援ではあったが、出来上がりはものすごい民間外交をやってのけたことになる。

くだんの「金持ち100人衆」は、政治などの表舞台に顔を出すことはない。あくまでも民間人の立場で、人間としてなにができるかを考えての行動である。

今度はどこを支援しようか？

ヨーロッパのある南の国、小さな工房の親父たちが、2～3ヶ月に一度のペースで秘密の会合に、いそいそと出かける。

会合のある日は、夕方4時くらいに工房を出て自宅へ戻る。なっぱ服（作業着）に身をつつんでフィアットの小さな車を駆る姿は、どう見ても町工場の親父。

家で風呂を浴びて、スカッとしたスーツに着替え、今度はフェラーリでさっそうと出かける。行き先は、山の上の会員制レストラン。

そこに、小さな工房や町工場の親父たちが三々五々と集まってくる。そこで豪華な夕食がはじまる。極上のワインを堪能しながら。

食事が終わると席を移して、今晩の話し合いがはじまる。なにを語り合うかというと、彼らの資産運用についてだ。「次は、どんな投資をしようか」は、15分ほどですぐ決まる。

そこから先は、2時間、3時間にわたって「今回の投資で殖えたお金をどこへつかおうか」を延々と話し合う。

集まっている親父たちは、いずれも100億から300億、あるいは400億円ほどの個人資産を持っている。その資金をゆったりとした長期投資にまわしている。

2～3ヶ月に一度の会合は、それぞれの長期投資に関しての意見交換と、「儲けたお金を、どう社会へまわすか」を話し合うためだ。主題は、もちろん「お金をまわす方向」である。

彼らは長期投資でゆっくり殖やしているお金を、定期的に社会へまわすことを楽しみにしている。お金持ちの道楽というか高尚な趣味だ。

みなで「今回はどこへまわそうか」を話し合うことは、世界情勢について認識を深める貴重な機会ともなる。なにしろ、それぞれがブティック的な工房ながら、世界を相手にビジネスを展開している。

商売上いろいろな情報を得ている親父たちが、「儲かったお金を、どこへつかうか」で、あれこれ意見交換するのだ。自分の商売のためではなくて。

商売抜きで、世界の情勢を語り合う。それだけ話題にも広がりがあり、社会での変化への洞察力も磨かれる。結果として、彼らのブティック的なビジネスにもプラスとなる。相当に有意義な意見交換らしく、それが故に会合は長く続いている。

お金持ちなのに、朝から晩まで実によく働く

延々と続いた会合も、夜12時とか1時頃には「そろそろお開きにしようか」となる。そして、三々五々マイカーを駆って帰途につく。

驚かされるのは、翌朝というかもう同じ日となっているが、朝7時すぎには、なっぱ服を着て工場で仕事をはじめていることだ。

それぞれ100億から数百億円の資産を持っている親父たちなのに、「お金があるからの甘っちょろさ」はカケラもない。

自分の工房での仕事は仕事で、朝から晩まで身を粉にして働く。昨夜は会合があり、ちょっと飲みすぎたから、昼すぎに工場へ出るといったダラケは、自分自身が絶対に許さない。

その厳しさが、彼らの工房をして世界的なブティックにまで育て上げたわけでもある。とにかく、町工場の親父さんらしく働くこと働くこと。

そんな彼らにとって、100億円とか数百億円という金融資産は、一体どんな意味を持っているのだろうか？

工房に働く社員やその家族に対しては、工房の仕事を通じて責任を持つ。大きな金融資産があるからといって、ドンブリ勘定のようにはしない。完全に切り分ける。

では、100億円とか数百億円の資産はなんのため？　ちょっとカッコつけていってしまえば、彼らにとって大きな金融資産は天からの預かりものである。

それは、まずは長期投資を通じて、次に儲けを社会へ還元することを通じて、世の中のお役に立たさせてもらう。そういったミッション（天からの使命）を与えられていると考えているのだ。

だから、工場経営や日々の生活とは一緒くたにしない。「天からの預かりものに、手を出すわけにはいかない」――そう考える。

こう書いてくると、きれい事を並べすぎていると思われるかもしれない。しかし、彼らには、きれい事とかの意識すらない。

なぜか？

お金は天下のまわりもの

日本でも昔から、「お金は天下のまわりもの」といわれている。これは、ただ単に「お金が人々の間をグルグルまわって、損した、儲かったを繰り返す」といった意味だけではない。

お金が経済の現場をグルグルまわることは、経済活動の活発化に欠かせない。そのうえでだ、人さまのお役に立ってはじめて、お金は生きたつかわれ方をされていることになる。

そう考えるにつれ、お金を資産として貯め込むのではなく、世の中へどんどんまわしていくという考え方の重要性が増してくる。

ヨーロッパやアメリカのお金持ちが、持てる資産をどんどん長期投資にまわす。その背景も、まさに、ここにある。

そのことをカッコつけて言えば、「自分が保有している資産は天からの預かりもので、世の中へどんどんまわしていくのが、天から与えられたミッション」ということになる。

保有している資産を、ゆったりとした長期投資に向けてやる。すると、世の中や人々のお役に立って殖えて戻ってくる。

そういった長期のリターンが積み上がった結果が、100億円とか300億円、はたまた2000億円という個人資産や家族資産（ファミリー・アセット）となっただけのこと。

そういった彼らのカッコいいところは、長期投資でどんどん積み上がってくる資産の一部を、惜し気もなく社会へ還元していこうとすることだ。もちろん、社会還元も「世の中へ、お金をまわす」流れに沿っての行動である。

愉快なのは、ヨーロッパやアメリカのお金持ちの「資産の殖え方が半端ではない」ことだ。ゆったりと長期投資をし続け、資産の一部をどんどん社会還元しているのに、それでも資産が徐々に膨れ上がっていくのだ。

これが長期投資のすごいところである。いつでも「よりよい世の中をつくっていこう」という長期投資で資産を殖やす流れに乗せておく。

長期投資のリターンが積み上がってくるのをよしとして、これまた社会還元をどんどん進めていく。

結構な額を、世の中へつかっている。それでいても、彼らの資産は少しずつ積み上がっていくのだ。愉快だと思わない？

お金をつかうから、お金が殖えるという不思議

お金にガツガツし、趣味はお金を貯め込むこと。そういってはばからないケチ人間は意外と多い。

そういう人たちを見ていると、おもしろいことに気づく。ケチケチで頑張っている割には、お金の殖え方は大したことないのだ。

一方、ヨーロッパやアメリカのお金持ちたちは、まったく違う。付き合っているとわかるが、彼らは持てる資産をどんどん長期投資にまわす。それもびっくりするほどの大らかさで。

お金は抱え込んではいけない。どんどん世の中へまわしてやらなければ。そもそも、自分が大きな資産を築けたのも、お金に経済や社会の現場で働いてもらったからだ。

そう考えるお金持ちが実に多い。

本書でずっと述べてきたように、「世の中によかれ」といった方向にお金をまわしてやるのが長期投資である。そして、そのリターンは「ありがとう」の言葉とともに後から積み上がってくる。

殖えたお金を、どんどん社会へ還元していく。その時も、やはり世の中によかれといった方向へだ。

わかる、ここのところが？

まず長期投資で、「こういった世の中をつくっていきたい」と思う方向へ、お金をまわしてやる。殖えたお金をもう一度、「こういった世の中に」と願う方向で社会還元していく。その方向性が極めて重要となってくる。

経済は、より多くのお金が流れ込む方向で発展拡大するものである。

ということは、「こういった世の中を」と願う方向で長期投資をする。そして、社会還元でお金をどんどん投入することは、そちらの方向で経済発展を促進していることになる。

そういった方向性をもって経済の発展拡大を促せば促すほど、長期投資の精度が高まるし、長期投資で得る成果も大きくなるのだ。なぜなら、気前よく社会還元することで長期投資の畑を耕し、肥料を与えていることになるのだから。

これは、世の中の原理原則である。長期投資はみなが豊かで幸せになる方向で経済を拡大発展させる。ありがとうという言葉とともに、お金は殖えて戻ってくる。殖えたお金を再び社会に投入してやる。

この循環をどんどん高めるべく、お金をグルグルまわしてやるのだ。これなら活力ある社会をつくっていけると思わないか？

本間様には及びもせぬが、せめてなりたや殿様に

山形県酒田市は米どころとして昔から有名である。いわゆる酒田米の産地だが、それも18世紀後半からのこと。

もとはといえば、日本海から吹きつける雪や砂の嵐が猛威をふるっていた酒田平野である。その荒涼とした平野を沃野《よくや》に一変させたのが、本間家三代目当主の本間光丘《みつおか》だった。

本間家は米や味噌、醤油を扱いつつ、酒田港をベースとした交易で財を成した豪商である。その三代目の光丘は、どうしたら農民など地元の人々の生活を楽にできるかを、いつも考えては次々と事業を興していた。

そのひとつが、酒田平野が日本海に接する西浜の植林である。西浜に防砂林を植えれば、日本海から吹きつける雪や砂の嵐をブロックでき、米など農作物の収穫量を上げられる。

そこで光丘は藩から許可を得たうえで、能登から黒松を取り寄せ、地元民を動員して植林をはじめた。

この黒松を植えるという作業を通して地元民に給金を払う。それが地元民の生活を支え、地元民の消費が本間家の商売につながった。

酒田でお金をグルグルまわせば、みなが暮らしていけるという考えでのこと。いわゆるケインズ政策を、いまから200年以上も前に実践したのだ。

西浜への植林は難航をきわめた。いくら植えても、すぐ砂嵐に押し潰されてしまう。それでも、光丘はあきらめることなく私財を投入し続けた。そのおかげで、地元民の生活は成り立った。

数年の苦闘を経て、ついに黒松は西浜に根を張り、防砂林は完成した。日本海からの雪や砂の嵐が吹き荒れなくなって、酒田平野は豊かな米どころへと一変したのだ。

本間家は莫大な財を築いたが、光丘はいろいろな事業で地元民によかれという考えを貫いた。それが結果的には本間家の家業をどんどん潤した。

たとえば、金を貸す場合も驚くほどの低利にしたから、人々が押し寄せた。それで、本間家の金貸し業は大繁盛した。

光丘は「徳は得なり」の考えで、私財を惜しみなく投入しては社会事業や救済活動に力を入れた。1783年の天明の大飢饉の際には備蓄していた米を大量に放出し、庄内では1人の餓死者も出さなかったといわれている。

地元民や社会によかれという考えを貫いた結果、本間家は人々に慕われつつ栄えた。そして、「本間様には及びもせぬが、せめてなりたや殿様に」と称される、日本一の大地主といわれるようになったのだ。

まさに、長期投資そのものを地で行っていたといえよう。

「暴れ天竜」から人々の生活を守りたい

天竜川の河口にある浜松や磐田《いわた》地域は、昔から「暴れ天竜」を恐れていた。大雨が降ると堤防が決壊し、河岸住民はいつも大被害をこうむっていたのだ。

明治はじめ、金原明善《きんぱらめいぜん》という豪農が私財を投げ出して、築堤工事など天竜川の治水事業に奔走した。その熱意が認められて明治新政府をも動かして、次々と近代的な治水事業をはじめることになった。

天竜川の下流域での堤防整備による治水が軌道に乗ると、金原明善は天竜川流域の山間部で植林をはじめた。

大雨が降ると大量の水が流れ出て土砂崩れが多発した。それを防ぐには植林だということで、杉やヒノキを植えていった。それが有名な三河杉となっていった。

かつて10年ほど、父親の事業の関係で天竜川の流域に住んでいたから、よく覚えている。大雨や台風で天竜川の水量が増すと、いろいろなものが流されていく。

1959年の伊勢湾台風の時など、家が壊れかかった形で流されていったし、牛が鳴き声とともに流されていくのを、ただ眺めるだけだった。

広い川幅いっぱいに茶色の濁流が、すさまじい勢いで流れる様は自然の猛威そのもの。手のつけられない暴れようだった。

どんな山々でも、手入れをせず荒れたままにしておくと、ちょっとした雨でも土砂崩れを引き起こす。ところが、きちんと植林し整備を怠らないと、しっかりと張った根と落ち葉とで雨水を吸収し、土が流れ出すのを防いでくれる。

とはいえ、そこまでいくのに20年や30年はおろか50年、100年はかかる。金原明善が私財を投げ打ってでも進めた植林事業は、彼の死後に多くの人々の感謝につながっていった。

これもまた、「カッコいいお金のつかい方」である。

第9章

「カッコいいお金のつかい方」
——スーパーリッチ編

名実ともに大君（タイクーン）との出会い

若い頃、香港経済界の大立者であるチャンさん（T・H・Chan）に可愛いがられた。チャンさんは中国本土で共産主義革命の嵐が吹き荒れていたなか、大陸から香港へ流れ込んできた難民の1人である。

難民上がりのチャンさんは、それこそ徒手空拳で事業を立ち上げ、一代で巨大な企業グループを築きあげた。香港では大実業家であり大金持ちを、大君（タイクーン）と呼ぶが、その初代大君5名の筆頭がチャンさんである。

自分の才覚と努力、そして度胸で巨富を築き上げたとはいうものの、チャンさんはそんなこと一切お構いなし。過去の苦労話をするでもないし、これまでの成功を自慢するでもなし。

彼は根っからの事業家で、ひたすら仕事、仕事の毎日。これといった趣味もなし。

チャンさんの企業グループは香港島の中心地である、セントラル1番地に大きな本社ビルを構えていた。その最上階のフロア全部を会長室にしつらえて、朝から晩まで執務にあたっていたってわけ。

筆者は当時、日本での代表のような立場にあって、月2〜3回は香港出張したが、いつも最上階の会長専用フロアで打ち合わせばかり。だだっ広い会長フロアで2人きりだから、エアコンが効きすぎて寒いこと寒いこと。

ところがチャンさんは仕事の話をすると熱が入り、エアコンで寒いなどお構いなし。すごい集中力で3、4時間はたて続けに質問を浴びせてくる。

主として日本での投資についてだが、細部まで厳しく指摘してくる。「適当に」なんて絶対に許さない。「あんな大金持ちが、そんな細かい数字にまでこだわらなくてもいいのに」と、あきれ返ることもしばしば。

小さなことを忽《ゆるがせ》にしないからこそ、ビジネス上の大きな勝負でも平然と即断即決できるのだ。徒手空拳で大君にまでのし上がった秘訣は、そのあたりにあるのだろう。

中途半端なビジネス計算はしない

こんなこともあった。不動産物件のセリ（公開買い付け）で、チャンさんは自分で細かく計算して、160億円までなら落とすと決めていた（もちろん、セリは香港ドルで行われたが、日本円にして160億円ほどの物件だった）。

セリ値が158億8000万円、159億3000万円と上がっていき、さすがに会場からの呼び値がまばらになってきた。いよいよ落札かと、固唾《かたず》を飲んで見守っていた。

ところが、セリ値は159億8000万円から、ポンと160億2000万円まで跳ね上がった。その瞬間、チャンさんは「サワカミさん、帰ろう」と言って席を立ってしまったのだ。

「チャンさん、予定の160億円に対し2000万円ほど上がっただけでしょう。そろそろ、このあたりで落とせそうですよ」と引き留めにかかった。

「イヤ、だめだ。ワシはあの物件の可能性を徹底的に計算して、160億円までで手に入れられたら商売になると踏んだ。

たとえ2000万円オーバーしただけといっても、ワシの計算を超えている。そんなものには手を出さない。サワカミさん、帰ろう」

甘い計算は一切なし。

また、不動産物件やビジネス案件で「これが最後。なにがなんでも決めなければ」という、せっぱつまった考え方もしない。縁がなければ仕方ない、いくらでも別のチャンスはあると、いつでも達観している。

勝負する時は、真っ正面から堂々と勝負する。しかし、意地を張ったり感情に流されたりは禁物。どこにも無理のない自然体で、大きな仕事をやってのけるのが、チャンさんの流儀だった。

仕事、仕事、されど人間としては超やさしい

チャンさんは徹底した仕事人間だが、彼の行動1つひとつに人間味があふれている。仕事の厳しさは半端でないが、こと人間としては限りなく温かく心やさしい。

たとえば、筆者は月に2、3回は香港へ行っていたが、毎回チャンさんは空港へ奥さんを伴って迎えに来てくれる。日本における自分の代理人が香港へ来てくれるのだから、それなりの礼を尽さなければと言いながら。

当時、アメリカの大手銀行や証券会社の会長がチャンさんを訪れても、彼の最上階

オフィスで面会するのみ。チャンさんが空港に迎えに行くなど、あり得ないこと。その大事業家のチャンさんが、この若僧には毎回きちんと空港まで来てくれたのだ。それも、自分で大型のベンツを運転してだよ。とんでもなく光栄であり、ありがたく感じたものだ。

ある時、「サワカミさん。家族みなで香港へ来てください。お母さんもご一緒に」――そうチャンさんは言ってくれた。

「えっ、チャンさん。うち、隣に妹夫婦も住んでいるし、母親を含め家族みんなというと、全員で12人ぐらいになりますよ」

「ハオハオ（好好）。みんな連れてきてください。せっかく家族みなで来てもらうのだから、今回はホテルを用意しよう」

今回はホテルをって、どう意味かわかる？

毎回、筆者が仕事で香港を訪れる時は、空港からチャンさんの自宅に直行。つまり香港のホテルに泊まったことなどない。

チャンさんは、香港島で「ピーク」と呼ばれる山頂の最高級住宅地に居を構えていた。もちろん、しっかりしたゲートがあって守衛が24時間ずっと見守っている。そこに泊まるのだから、いつも最高の待遇をしてもらっていたってわけ。

家族の香港旅行に戻るが、往きの飛行機のなかで長男が熱を出してしまった。香港へ着くや、空港に出迎えてくれたチャンさんは、奥さんと彼の長男に指示して家族のみなをホテルへ送り届けさせた。

そのうえで、チャンさんは筆者と長男を連れて自分の車で香港最高のエリザベス病院へ急行した。診察を終えた真夜中まで、すごく心配しながら、つきっきりで長男のめんどうを見てくれた。

香港経済の大立者で、大君の筆頭がだよ!! これほど親身になってくれるなんて、もう申し訳ないほど、ありがたかった。

豪華なオフィスビルに汚い机の意味

チャンさんの本社ビルは香港島のセントラル1番地という超一等地。そこに大きくて豪華なビルを構えていた。

内部の壁はすべて大理石。さすが香港一の大君の本社ビルだと、誰もが讃えたくなるような美しい建物である。

ところが、どの階段の踊り場にも、みすぼらしく汚い机がひとつずつ置いてある。せっかくの美しいオフィスが台なしになるほど、あちこちに不釣り合いの汚い机が配置されているのだ。

「チャンさん、どうしてあんな机を置いているのですか？　せっかくの美しいオフィスなのに、イメージを落としてしまっていると思いませんか？」

「サワカミさん、それは違う。オフィスの美しさや、イメージなんてどうでもいい。あの机のほうが、ずっと大事なんだよ」

「えっ、あんな汚い机が？　それはまたどうして？」

「ワシはな、難民上がりでここまでやってこれたけれど、これからは若い人たちが香港経済をどんどん引っ張っていかなければならない」

「それは、わかりますが……。でも、若い経済人たちが台頭してくるのと、あの机とは一体どんな関係があるのですか？」

「若い事業家たちには、どんどんビジネスを伸ばしていってもらいたいけれど、それは自分の情熱と意思、そして努力によってだ。ワシが仕事を与えたら、それだけ彼らの事業は甘くなってしまう」

「たしかに、事業は自分で築いていかなくては……」

「そこで、ワシは彼らに仕事を与えたり紹介したりなどせず、ワシの信用を使わせてやっているのだ。セントラル1番地という住所ならば、香港中の誰もが信用し安心して商売をしてくれる。そこから先は、彼らそれぞれの努力と工夫次第だ」

「それで、若い事業家たちは各階段の踊り場に自分で机を出し、電話を引いているんですか……」

「まあ、ワシの信用を使って事業に成功する人間もいれば、大して伸びない人間も出る。それは仕方ないことだが、チャンスはその意思のある人すべてに、それも平等に与えてやらんとね」

なるほど、なるほど。

若い人たちにチャンスは与えるが、決して甘やかしはしない。また、オフィスのイメージなどよりも、次の世代が育つことか、大事なのは。

「これでＴ・Ｈ・Ｃｈａｎは破産」報道の真相

かつて香港は幾度となく「島民の国外一斉脱出」といった危機局面を経験している。やれ中国の人民解放軍が香港島に攻め込んでくるとか、やれ中国政府がイギリスの香港租借に強硬措置を講じるとかで大騒ぎした。

その都度、香港中がてんやわんやの大混乱に陥った。一刻も早く香港を脱出して海外へ逃がれようとする人たちが続出。所有している不動産などを叩き売って現金化しようと、もう経済も社会もパニック状態となった。

そんな大混乱のなか、１人チャンさんは買って買って買いまくった。「売って現金を手にしたい人は、どんどん来てくれ。ワシが引き受けよう」と言いながら。

大暴落している不動産を、次から次へと買っていった。それで、さすがのチャンさんも資産が底を打ち、借金がみるみる膨れ上がった。

その状態は、アメリカの有力経済紙「ウォールストリート・ジャーナル」が１面トップで「Ｔ・Ｈ・Ｃｈａｎは没落か？」といった記事を載せたほど、すさまじいものだった。

ところが、チャンさんにしてみれば、「ワシは文無しの難民としてやってきて、香港にはお世話になった。ここは、そのお返しをする時だ」と平然そのもの。

そして、「香港の人々が現金を必要とするなら、いくらでも用意しよう。ワシが文無しになる？　どうせ文無しからはじめたんだから、元に戻るだけよ。ワッハッハ」で一歩も下がらない。

お金は、つかうためにあるし、つかう時はつかう。それも、世の中や人々のためにこそ、お金をつかうべきである。

その考えを、チャンさんは身をもって示してくれた。香港の人々のみなが、「お金を持つにふさわしい人」らしいチャンさんの行動に深く感謝したのは、いうまでもなかろう。

みなに感謝されて資産を殖やし、それを社会や人々のために用立てる。まさに、「お金は天下のまわりもの」を地で行っている。

みなに感謝されて、巨富を得る

後日談がある。幾度も襲いかかってきた香港脱出パニックは、数ヶ月から半年もすると収まった。人々に落ち着きが戻り、香港経済も回復してくるにつれ、チャンさんの資産は数倍に膨れ上がっていった。

それは、そうだろう。みながパニック売りに走るのを片っ端から引き受けていったが、結果として未曽有のバーゲンセールを買ったようなもの。社会や経済活動が正常化するにつれ、価格は元の水準に戻り、チャンさんは大儲けとなった。

もうおわかりのように、チャンさんは儲けようとして不動産を買いまくったのではない。売り逃げたい人たちの現金づくりを、お手伝いしただけである。それで巨富を得たからといって、大いに感謝されても、誰からもうらまれることはない。

これが、「本当のお金持ちの、お金の殖やし方」である。人を出し抜いたり苦しめたりして、ガツガツ儲けようとはしない。

世のため社会のため、お金をまわさせてもらう。用立てさせてもらったお金はみなに喜ばれ感謝されて、それなりに殖えて戻ってくる。

それがリターンというものである。投資でもなんでも、世の人々のお役に立っては じめて、「ありがとう」といって戻ってくるものなのである。

ちなみに、チャンさんは正々堂々と財を殖やしていき、それをどんどん社会に還元していった。たとえば、香港大学に毎年毎年80億円ほど寄付したとか。

世のお役に立って大きく稼ぎ、それを世の中のために大きくつかう。超カッコいいと思わない?

第10章

なんでまた、オペラ財団など立ち上げたの？

きっかけは、ごく単純なこと

社員の佐藤が新婚旅行でイタリアへ渡った。とある初夏の夕べ、ローマはテルミニ駅の近く、日本人女性トモ子さんが経営しているレストランで、1人もくもくとスパゲッティを食べていた。

奥さん？　旅の疲れもあって、部屋で休んでいた。それで佐藤が1人で夕食をパクついていたってわけ。

ふと、向こうのテーブルを見ると、やはり日本人らしき男の人が1人で静かにパスタを食べているではないか。

顔が合った。すぐ、佐藤は皿を抱えて、そちらのテーブルへ移って行った。佐藤は不思議な才能を持っていて、いろいろな人と新しいつながりを、ごく自然体でつくり出していける。

といっても、営業マンに多い外交的なおしゃべりタイプとは違う。真剣に生きている人間同士、お互いに魅かれるものを感じるや、「すうっと近寄って行って、すぐ打ち解けられる」特異な男だ。

その晩も、テーブルを移って話をはじめるや、２人の間でどんどん話が盛り上がったようだ。

聞くに、その日本人らしき男性は屋根裏部屋に住み込んで、オペラ指揮者の修行をしているという。収入もわずかで、毎晩トモ子さんのレストランで特別に安くしてもらった夕食を食べている。

トモ子さんのレストラン？　30数年前、いざとなったらそれで食っていこうと足踏みミシンひとつを抱えてローマに渡り、苦労に苦労を重ねて、テルミニ駅前に大きなレストランを構えるまでになった女将トモ子さんのお店。

苦労を重ねながら店を少しずつ大きくしていった間にも、トモ子さんはローマに住む日本人芸術家などを、びっくりするほど多方面でお世話してきた。トモ子さんの親身な応援を受けた日本人は数え切れない。

佐藤は大学卒業後アフリカへ渡ったが、息抜きと栄養補給に時折ローマへ戻ってきた。その都度、やはりトモ子さんのレストランで腹を満たしていた。

さんざんお世話になったトモ子さんに妻を紹介するため、新婚旅行でローマを訪れていたというわけ。

そう、いまだ貧しいオペラ指揮者も佐藤も、それぞれトモ子さんとのご縁があって、その晩に出会うこととなった。ご縁って、不思議なものだよね。

話をはじめたら

その人は吉田裕史《ひろふみ》といって、まだほとんど無名のオペラ指揮者。オペラの本場イタリアには、そういった明日を夢見て修行に励むオペラ歌手や指揮者の卵が、ウヨウヨいる。

吉田さんは――ここから先はマエストロ吉田と呼ぶことにするが――佐藤にこう語ったそうだ。「とにかく修行を積んで、1日でも早くイタリアの大歌劇場で指揮棒を振れるようになりたい」と。

しばらく話した後、マエストロ吉田は佐藤がどこに勤めているかを尋ねた。さわかみ投信だと答えると、意外にも「あの、澤上さんのところ?」と反応が戻ってきた。

そして、「今度、日本へ帰った時、できれば澤上さんにお会いしたい」と佐藤に告げた。そう伝えますと言って、佐藤夫妻はローマを後にした。

帰国するや、佐藤はすぐにマエストロ吉田との出会いの報告をしに来た。それを聞いて、「マエストロ吉田って、よくある芸術家ぶった感じか？」と佐藤に尋ねた。

するとと佐藤は、「まったく違います。すごく情熱的で、夢ばっかり語る人です」と言うではないか。「だったら一度、会ってみよう。次の帰国はいつ頃か、予定を聞いておいて」と指示した。

その年の秋、四ツ谷の魚屋で昼飯を一緒にした。せっかく日本に帰ってくるのだから、刺身定食がよかろう。ついでに、うなぎも別注で食べようかとなった。

そして会った瞬間、「これは、おもしろい人間に出会えた」となり、そのまま延々と3時間ほど語り合うことになる。

イタリアでのオペラ指揮者としての修行は相当にキツイはず。実力がなければ話にならないが、その実力を認めてもらう機会を得なければ、いつまでたっても歌劇場へ立ち入ることすらできない。

ところが、マエストロ吉田は苦しいことなどおくびにも出さない。苦しいとかの泣き言を並べるどころか、オペラの本場イタリアでどんどん実力をつけていくこと、そこでのし上がっていくのを楽しんでいる。

そして、飽くことなく挑戦する意欲を熱く語り続ける。

夢は別のところにあります

「オペラの指揮者として、イタリアでトコトン勝負していくのは、自分の人生を賭けての挑戦です。ですから、トコトンやります。実は、私の夢は別のところにあります」

3時間も続いた昼飯も終わり頃になって、マエストロ吉田は突然にそう言い出した。

「なんなの、その夢とは？」

「日本にオペラの文化を広げたいのです。日本語のオペラを1曲だけでもいいから、世界の主だった歌劇場で定期公演のレパートリーとなるぐらいのものを、世に出したいのです」


オペラ文化を日本で広げる？

熱烈なオペラファンは日本にいっぱいいるものの、日本でオペラというとどうも敷居が高い。オペラはもともと人々の生活に根ざした、ごくごく一般庶民の娯楽である。喜ぶにつけ悲しむにつけ、身近で人々の心の支えとなってきたもの。

「そういった、人々の生活に欠かせないオペラの文化といったものを日本にも根づかせたい。それができたら、どれだけ楽しいか」――マエストロ吉田はそう熱く語る。

日本語のオペラ？　長年イタリアに住んでも、どこまで深くイタリア語を自分のものにできるかというと、そこで生まれ育ったイタリア人にはとうてい勝てない。

ということは、イタリア語のオペラを指揮したり歌ったりしても、どこまで人々の心に沁み込んだものをやれるか、どうしても限界がある。本気でやればやるほど、超えられないもどかしさを感じると言うではないか。

ところが日本語のオペラだったら、われわれの母国語である。微妙なニュアンスも表現できるし、民族の歴史や土着信仰的な心情にも深く入っていける。それだけ人々の心を揺さぶる演奏もできるはず。

日本にオペラ文化を広げたい、日本語のオペラを1曲だけでも世界に出したいと、やたら熱く語るわ、語るわ。この男の情熱は半端でないと深く感じ入った。

大きな夢を持ち、それに向けて情熱を傾ける。こちらもそんな生き方をしているから、マエストロ吉田とはたちまち意気投合した。

日本へ帰るたびに会おうかということにして、その日は別れた。

えっ、マントバの音楽監督に！

マエストロ吉田が日本へ帰ると必ず昼飯を食べながら、彼の夢の続きを話し合うのが楽しみとなった。

ある日、開口一番「澤上さん、なりましたよ」と彼は言う。

「なんになったの？」

「マントバの音楽監督になりました」

音楽でも有名なイタリアの町マントバで、日本人としてはじめて音楽監督になったとのこと。すごい快挙である。

「やったね！　いよいよ表舞台に立つんだ。これから大暴れできるよな」

「そこで、澤上さん、お話があるんです」

「なによ？」

「私はマントバ、そしてイタリアでどんどん勝負をかけます」

「それは、そうだ。ここからは、一気に突っ走ったほうがいい。ちょこちょこ日本へ帰ってくる暇も余裕もなくなるだろうな」

「そうなると、私の夢はとても追いかけられません」

と、真顔で迫ってくる。

「ということは、俺が手伝うことになるのか」

で、腹を括った。

マエストロ吉田の夢は、別に彼だけのものでもあるまい。日本にオペラ文化の裾野が広がり、1曲だけでも日本語のオペラを世界に出せたら、これまた楽しからんや、だ。どんな夢も、誰かが動きはじめなければ、ただのおしゃべりで終わってしまう。

「よっしゃ、オペラ財団をつくろう。オペラのド素人がやることになるけど、夢を追いかける本気度でなら、いくらでも勝負できる」

「では、お願いします。私はイタリアで一層の上を目指して勝負します」

今度はボローニャの芸術監督か!!

オペラの本場イタリアで「勝負しろよ」と言ってから間もなく、

「澤上さん、まだオープンにはできませんが、今度、ボローニャ歌劇場フィルハーモニーの芸術監督になりますよ」

と、イタリアから電話がかかってきた。

「え、あのボローニャの?」

これまたすごいこと。

45歳の若さで、もちろん日本人としてははじめてだ。

「マエストロもイタリアで頑張っている。よし、こっちもピッチを上げよう」

ということで、オペラ財団の活動に拍車を掛けた。

どうせ、オペラ財団をつくるのなら

こんなノリで、「さわかみオペラ芸術振興財団」は設立された。一体なにを、どうするか？

せっかくマエストロ吉田がオペラの本場イタリアで、より上を目指して頑張っているのだ。だったら、年に一度のペースで、世界最高レベルのオペラ公演を、日本でやろうか。

せっかくオペラ公演をやるのなら、東京と大阪だけではつまらない。日本のあちこちに世界最高のオペラを持って行ってやろう。それがオペラ文化を日本中に広げるきっかけともなる。

幸いなことに、全国各地には日本が世界に誇る文化や歴史遺産がゴロゴロしている。ちょうどいい、世界最高のオペラを日本へ呼び込むことで、海外のメディアを通して日本のよさを世界にも発信できる。

もうひとつ、オペラ歌手の公開オーディションを実施し、イタリアへ留学させてやろう。新しい才能を発掘して、イタリアでもトップレベルの歌劇場で修行させるのも大事なこと。

通常の音楽留学では、渡航費と生活費が給付されるだけ。後は、本人がイタリア語学校へ通い、イタリア人の先生から個人レッスンを受けるぐらい。

うちのは違う。世界を舞台に大きく羽ばたこうとする強い意欲を持った歌手たちを、オペラの本場イタリアで激烈な競争が繰り広げられている現場に放り込むのだ。

具体的には後述するが、オーディションの段階で公式審査員が自分の歌劇場で育てたいレベルの歌手を選抜する。つまり、うちのオーディション合格者は歌劇場に立ち入りできる特権を与えられ、そこで厳しく鍛えられることになる。

「おもしろい。それもやろう」「これもやってみよう」と、アイデアはどんどん出てくる。そこで大事なのは、一体なんのために、どんな目的を持ったオペラ財団にしていくかだ。

マエストロ吉田といろいろ話し合い、また世界のオペラ業界の現状を学ぶうちに、さわかみオペラ財団の目指す方向がはっきりしてきた。

最高の演奏と最高の観客とが一体となる感動

芸術や文化は、マネーを超えたものである。ところが現状は、日本も世界も興行上の成功が第一とされる。つまり商業主義が前面に出て、芸術家を札タバで振りまわす傾向が強くなっているのだ。

テレビをはじめメディアを総動員し大々的に宣伝した結果、興行的にはまあまあ成功した。しかし、芸術的な高さではどうだったか疑問、という公演が多い。高額なチケットを大量販売したものの、劇場には空席が目立つこともしばしば。

芸術家が願うのは、「最高の演奏で、観客には鳥肌の立つような感動を覚えてもらいたい」――その一点である。

ところが、観客席はまばらで、ただ高額なチケットを買って聴きに来たという観客の前では、いまいち盛り上がらない。もちろん、どんな環境でもプロとして精一杯の演奏はするが。

そうか、どうせやるのなら芸術性の高さや文化とはどんなものかを、トコトン追求してやろう。

せっかく、「総合芸術」とも「芸術の華」ともいわれるオペラをやるのだ。興行第一の商業主義とは一線を画し、青くさいほどに芸術としての高みを求めてやろう。

そのためには、さわかみオペラ財団の運営が、「本物のオペラを愛する人たちによる賛助会員費で支えられる」体制を築き上げることだ。

もちろん、文化事業を支援するスポンサーからの協賛金もありがたいが、あまりに企業に頼りすぎるのも危険である。

チケット販売は当然のことながら直販でいく。一般的なチケットハウスでは、商売としてどれだけ販売手数料を稼ぐかを、第一としている。その公演がどれだけ芸術として成功を収めたかには、それほど関心がない。

われわれは違う。世界最高レベルの指揮者・オーケストラ・歌手・舞台監督・演出家と、観客とが一体となりたい。公演の場では鳥肌の立つような感動につつまれた一瞬を堪能するのだ。

オペラのような音楽芸術は、その時その場のものである。まさに、一期一会の感動と満足に酔いしれる、ぜいたくの極みといえよう。

そこでだ。さわかみオペラ財団ではチケットをすべて直販とし、購入者には今年のオペラのシナリオはじめ、次から次へと情報をお届けする。また、無料のプレイベントを開催して、オペラ本番に向けての予備知識と楽しみを提供する。

オペラ公演に向けて、どんどん関心を高めてもらうのだ。そして、公演当日は最高の盛り上がりをもって来場いただくのだ。

芸術家たちは世界最高レベル、観客も最高潮に盛り上がっている。そのふたつが一体となった時、すばらしい感動が生まれるはず。

「いいな」と思うなら、やってしまえ

こう書いてくると、読者のみなさんは「どうせオペラ財団をつくるのなら」で夢物語を並べているように思われるかもしれない。

たしかに、「そうなったら、いいね」「それができれば、すごいけどね」と言っている間は、そのまま夢物語で終わってしまう。よくある、おしゃべりの世界だ。

われわれは違う。「いいな」と思うなら、やってしまえだ。「それができたら」では

なく、「なんとか工夫して、実現に向かわせる」のだ。

早い話、オペラ公演なんぞやるとなったら、すぐさま3億や4億の資金は最低でも手当てしなければならない。

「そんなお金、どこにもない」と言ったら、それで終わり。そこから一歩も進まない。それどころか、「残念だけど、あきらめようか」となるのがオチである。

やるというのなら、やるだけのこと。クリアすべきは、「どう3億円とか4億円のお金を工面するかだ」——そう考えるや、即座に行動ということになる。

行動もふたつある。ひとつは、オペラ公演に向けての具体的な準備。もうひとつが、資金集めだ。どちらも、やるなら即刻はじめることだ。


これは、事業家の発想である。同時に本書のテーマである「カッコいいお金のつかい方」にも直結してくる。

「いいな」と思えば、ためらうことはない。どんどん行動に移すことだ。お金が足らなければ、なんとかお金の工面をする。

大事なのは、「やるか、やらないか」である。やりたかったら、「いろいろ工夫して、とにかくやってみる」ことだ。

「いろいろ工夫すること」も、「できそうにないと言われたことができた暁の満足」も、実際にやった者にしか味わえないもの。

これって、意外にぜいたくな充実感だと思えないか。

姫路の白鷺城でオペラ公演

昨年、2015年9月のオペラ公演は姫路の白鷺城《しらさぎ》（姫路城）でやれてしまった。これは過去に例のないこと。白鷺城の天守閣のすぐ下を備前丸というが、そこでは歌舞伎だろうとなんだろうと、かつて一度も興行の場となったことはない。

それが、さわかみオペラ財団では、オペラ「道化師」をやることができた。まったくの前代未聞。どうしてかって？

「どうせなら白鷺城でだ」と決めて、真っ正面からぶつかっていった。なんだかんだあったが、最終的には姫路市や文化庁などから許可を得た。

これも「やるか、やらないか」だ。こちらの熱意と本気度、そして「やれた時の出来上がりイメージ」が、多くの人々の納得と賛同を生み出したといえよう。

たまたま、2014年の京都は二条城でのオペラ「蝶々夫人」公演や、東京オーチャードホールでのオペラコンサート「プッチーニ特集」を個人的にも、また、さわかみ一般財団法人も手伝っていた。

二条城での公演中に、来年は姫路の白鷺城でやろうと決めた。はっきりイメージが湧いてきた。

なんで、また姫路で?

白鷺城に施されてきた平成の大修復も2015年春には終わると聞いていたからだ。修復成った白鷺城をバックにしたオペラ公演は、記念行事として話題性もあるし、なにより地元の人々に喜ばれよう。

2015年の9月に白鷺城でやったが、2016年秋のオペラ公演はどこにするか? 考えるまでもなく、すぐイメージが固まった。奈良の平城京跡地に建つ大極殿の前で、オペラ「トゥーランドット」をやろうと。

さわかみオペラ芸術振興財団が主催する「ジャパン・オペラ・フェスティバル」は、

毎年あちこちで世界最高レベルのオペラ公演を展開していこうとしている。それが、全国各地で新たなるオペラファンを増やすきっかけとなれば楽しいではないか。

美術品や仏像は静かに文化を伝える、そこへ音の文化を

マエストロ吉田がご縁で、京都国立博物館の佐々木丞平《じょうへい》館長ご夫妻とお話した。奥様が音楽大好きということもあって、3人の話ははずんだ。

そこで出てきたのが、佐々木館長の言葉。京都国立博物館には国宝クラスの貴重な美術品や仏像がいっぱいある。といっても、それらは語ることなく静かに文化を伝えてくれているだけ。

そんな博物館に、音の文化があってもいい。芸術性の高い音楽やオペラを京都国立博物館で公演できたらどんなに素晴らしいことか？

もともと佐々木館長も音楽が好きである。2年前の2014年に完成した平成知新館には、地下に208席の音楽講堂を設置したほど。

そんないきさつで佐々木館長と話を重ねているうちに、京都国立博物館でもオペラ

をやろうということになった。明治の代表的歴史建造物である旧館をバックにして、野外オペラを公演できたら最高である。

ありがたいことに、新館である平成知新館の地下講堂は、本番前のリハーサルに使わせてもらえる。話はポンポンと進んだ。

それが、2015年9月のオペラ「道化師」である。京都東山を背に、南イタリアの田舎町が再現され、なんとも味のある一晩となった。

すごい卵を発掘したかも

先ほど公開オーディションのことを書いた。さわかみオペラ財団が日本にオペラ文化を広げていこうとするなかには、世界的な日本人オペラ歌手を輩出するという挑戦も含まれている。

そこで、2015年3月に東京と京都で第1回公開オーディションを実施した。当初は1名か2名ぐらいをイタリア留学させようと目論んでいたが、結果的に8名を合格させてしまった。

イタリアのオペラ界では、公開オーディションを実施するにあたっては、複数の公式審査員が評価を下すことと決まっている。それで、昨年の3月に4名の公式審査員をイタリアから招聘して、厳正な審査をお願いした。

4名の公式審査員が、「このレベルなら、いいだろう」「これはおもしろい」と判断したのは、40名の応募者のなかから8名だった。

次なるは、マエストロ吉田と一緒にこちらが8名の人間性や意欲・情熱をチェックする番だ。いくら歌のレベルが及第といっても、挑戦していく気持ちが弱かったら、本場イタリアではとてもついていけない。

そこで、彼ら彼女らを個人面談してみると、こちらが楽しくなってきた。男性3名は、いずれも実力派で性格も前向き。相当にやってくれるだろうと評価した。

一方、女性5名は実力もさることながら、「フテブテしく明るい」のだ。フテブテしいという表現が思わず口に出てきたほどに、おじけることなく堂々と面接の応対をした。イタリアへは修行でなく、勝負しに行きたいと熱っぽく訴える。

結局のところ、8名全員にイタリア留学を認めた。当初の想定より、とんでもない大盤振る舞いをやってしまった。

当然ながら、予算オーバー。それでなくても、2015年9月のオペラ公演に向けて、どう資金繰りをつけましょうと言っていたところ。そこへ、8名もイタリアへ留学させるとはね。

いや、お金のことは「なんとか工夫し、汗を流せばいい」だけのこと、なんとかなろう。それよりも、8名の合格者のうち、2人でも3人でも本場イタリアで一気にのし上がってくれたら、これはお金以上に価値がある。

そう思えてくるほど、すごい卵を発掘したかもしれないと、ニヤニヤしていた。そうしたら、とんでもないことになってしまった。

今年の3月に、ボローニャと東京で開催した第2回公開オーディションには、なんと190名の日本人歌手が挑戦してきたのだ。ヨーロッパのあちこちから30名がボローニャ会場に、160名が東京の会場に集まった。

そんな歌手たちの情熱にあおられるかのようにして、今年も9名を合格とする大盤振る舞いをやらかしてしまったのだ。

こんな調子でオペラ財団のことを書いていくと、キリがないほどおもしろい展開となってきている。

本書で述べている「カッコよくお金をつかおう」を、まずは率先垂範でモデルをお見せしようと言っている間もなく、こちらがどんどんのめり込んでしまった。

「お金、お金」となっていたら、本場のオペラを公演するなんて気には絶対にならないだろう。

ところが、お金にとらわれなくなってしまうと、「なんでも、やれそう」と思えてくるから、不思議だよね。

人生がますます楽しくなる。

おわりに

みんな貧しかったが、やさしかった

太平洋戦争での敗戦から70年が過ぎた。日本中あちこちが瓦礫の山と化し、食べるものにも事欠いた戦後の悲惨な体験は、日本人の記憶としてもどんどん風化していっている。

たしかに、戦中そして戦後を生きた人々の間では、あの頃の思い出は生きている。みな貧しい生活のどん底にいたが、一緒に分け合った。

生きていくのに必死だったのに、それでもみなやさしかった。

貧しいなかにも、「お互いさま」「おかげさまで」の心持ちは、日本人の精神的支柱として脈々と生きていた。

共同体としての助け合い意識とかいうものよりも、隣近所みな一緒といった人間としてのやさしさだ。

とはいえ、戦後生まれの世代が日本人の大半を占めるようになった現在、豊かさしか知らない層が社会の基盤を成している。

食うや食わずの貧しさなど知らない、モノがあふれているのが当たり前。そんななかで育った人がほとんど。

それなのに、「お互いさま」「おかげさまで」の精神は、東日本大震災時でも見事に発揮された。われ先に行動するのではなく、まして略奪に走ることもなく、被災地の人々は整然と集団行動した。

その姿は、日本人の徳性として世界の尊敬を集めた。

豊かになったが、お金に対する意識は貧しかった頃のまま

たしかに日本は世界最高水準の豊かさを享受するまでになった。しかし、それは物質的な豊かさにおいてのことであって、こと精神的文化的な面においては、さてどこまで豊かになったかあやしいものがある。

その典型が、お金に対する日本人一般の意識だろう。

個人の預貯金残高は839兆円と、世界第1位のアメリカに肉薄している。総人口で日本のおよそ3倍、個人金融資産で日本の5倍近くを誇るアメリカと比較しても、日本人の預貯金残高の多いこと。

それだけ巨額の預貯金を抱えていて、なお「不安だ不安だ」と大合唱をしている国民なんて、世界からは理解できない。

不安ならば、年0・01％前後の利子しかつかない預貯金から、その20％でも30％でも引き出して、年3％とか5％を目指した運用にまわせばよい。なのに、それもしない。

80歳も半ばをすぎたおばあさんが、1億円に近い預金を抱えて「老後が不安だ」と言っている姿には、なにをかいわんやである。

そろそろ、お金に対する意識を変えようではないか。不安だとか、みじめったらしいことを言うのは、もうなしにしよう。

お金に支配されて生きていくのなんて、もうやめだ。

その気になれば、いくらだって余裕たっぷりの人生を歩んでいける。たとえ現在、すごく厳しい生活をしている人であっても、自分の意思と意欲でもって人生は変えられる。

「自分の意思と意欲でもって」と書いたが、それは「カッコいい」生き方をしていくためにも、やはり大事な第一歩となる。ダラダラと流されて生きていては、カッコよくもなければ美しくもない。

本書を読んで、できるだけ多くの人々に「カッコいい人生」への道へと踏み出してもらいたいものだ。

お金の余裕をつくり出して、それを長期投資でもって殖やしていき、まずはファイナンシャル・インデペンデンスに到達する。

そこから先は、「カッコよくお金をつかう」ことで、世の中や社会をより瑞々《みずみず》しく潤いのあるものにしていける。

すごく楽しい人生になっていくのでは？

[著者略歴]

澤上篤人（さわかみ・あつと）

さわかみ投信株式会社取締役会長。1970年から74年までスイス・キャピタル・インターナショナルにてアナリスト兼ファンドアドバイザー。その後、80年から96年までピクテ・ジャパン代表を務める。96年にさわかみ投資顧問を設立し、99年には日本初の独立系投資信託会社であるさわかみ投信株式会社を設立。販売会社を介さない直販にこだわり、長期保有型の本格派投信「さわかみファンド」を運営している。同社の投信はこの「さわかみファンド」1本のみで、純資産は約2700億円、顧客数は約11万人を超え、日本における長期運用のパイオニアとして熱い支持を集めている。『その時あなたの預貯金は大丈夫か』（明日香出版社）、『将来が不安なら、貯金より「のんびり投資」』（PHP研究所）、『長期投資はじめの一歩』（廣済堂出版）など著書多数。

写真撮影／城ノ下俊治

お金に支配されない生き方

2016年6月11日　　第1刷発行

著　者　澤上篤人

発行者　唐津 隆

発行所　株式会社ビジネス社

〒162-0805　東京都新宿区矢来町114番地 神楽坂高橋ビル5F
電話　03(5227)1602　FAX　03(5227)1603
http://www.business-sha.co.jp

〈印刷・製本〉中央精版印刷株式会社
〈装丁〉大谷昌稔　〈DTP〉茂呂田剛（エムアンドケイ）
〈編集担当〉大森勇輝　〈営業担当〉山口健志

ISBN978-4-8284-1885-8